GLOBALIZACIÓN Y TEOLOGÍA

Copyright © 2010 by Joerg Rieger.

GLOBALIZACIÓN Y TEOLOGÍA
de Joerg Rieger. 2020, JUANUNO1 Ediciones.

Título de la publicación original: "Globalization and theology"
This translation published by arrangement with the original Publisher, Abingdon Press, an imprint of The United Methodist Publishing House. Esta traducción es publicada por acuerdo con la casa editorial de origen Abingdon Press, un sello editorial de The United Methodist Publishing House.
Spanish Language Translation copyright © 2020 by JuanUno1 Publishing House, LLC.

ALL RIGHTS RESERVED. | TODOS LOS DERECHOS RESERVADOS.
Published in the United States by JUANUNO1 Ediciones,
an imprint of the JuanUno1 Publishing House, LLC.
Publicado en los Estados Unidos por JUANUNO1 Ediciones,
un sello editorial de JuanUno1 Publishing House, LLC.
www.juanuno1.com

Este libro fue publicado en acuerdo con GEMRIP
Grupo de Estudios Multidisciplinarios sobre Religión e Incidencia Pública
Santiago de Chile – www.gemrip.org

JUANUNO1 EDICIONES, logos and its open books colophon, are registered trademarks of JuanUno1 Publishing House, LLC.
JUANUNO1 EDICIONES, los logotipos y las terminaciones de los libros, son marcas registradas de JuanUno1 Publishing House, LLC.

Library of Congress Cataloging-in-Publication Data
Name: Rieger, Joerg, author
Globalización y teología / Joerg Rieger.
Published: Miami : JUANUNO1 Ediciones, 2020
Identifiers: LCCN 2020943320
LC record available at https://lccn.loc.gov/2020943320

REL067000 RELIGION / Christian Theology / General
REL084000 RELIGION / Religion, Politics & State
REL028000 RELIGION / Ethics

Paperback ISBN 978-1-951539-37-5
Ebook ISBN 978-1-951539-38-2

Traducción: Marisa Strizzi
Revisión General por GEMRIP: Nicolás Panotto
Diagramación interior: María Gabriela Centurión
Portada: ZONA21.net
Director de Publicaciones: Hernán Dalbes

First Edition | Primera Edición
Miami, FL. USA.
-Agosto 2020-

GLOBALIZACIÓN Y TEOLOGÍA

Joerg Rieger

JUANUNO1
EDICIONES

Contenido

Prólogo por *Nicolás Panotto*

Introducción   11

1. Globalización, teología y poder duro   19

2. Globalización y teologías que proveen alternativas
al poder duro   37

3. Interludio: Poscolonialismo, binarismos
y dualismos   57

4. Globalización, teología y poder blando   67

5. Globalización y teologías que proveen alternativas
al poder blando   85

6. Teología y poder en un mundo globalizante:
Las lecciones de la globalización y el imperio   103

Conclusión: En un mundo globalizante, la vía media
conduce a la muerte   113

Prólogo

Es una muy buena noticia para el mundo teológico de habla castellana, contar con una nueva obra del reconocido pensador Joerg Rieger. El profesor Rieger, de origen alemán y actualmente residente en los Estados Unidos, es un teólogo en quien convergen un enriquecedor abanico de fuentes, especialmente en lo que refiere a su abundante producción académica cimentada y profundamente relacionada con el análisis social y el activismo político religioso progresista. Tal vez podríamos decir que uno de los grandes aportes de su trabajo se encuentra en el diálogo que entabla con un extenso conjunto de campos del saber -que va desde el psicoanálisis hasta la teoría política, la economía, los estudios culturales, el poscolonialismo, entre varios otros-, con una labor teológica en el pleno sentido de la disciplina; es decir, que no es simplemente -como solía polemizar José Míguez Bonino- una sociología de la religión en términos teológicos, sino una producción teológica que acentúa su especificidad y aportes singulares al análisis social, a partir de sus fuentes, sus metodologías históricas y sus diversas corrientes (desde la patrística hasta la teología posmoderna), en diálogo vis a vis las humanidades, las ciencias sociales y, principalmente, las contingencias históricas.

El libro *Globalización y teología* nos ofrece una concentrada pero intensa interpretación de las dinámicas de poder global, en una clave crítica y a su vez propositiva, desde una fuente religiosa y comprometida con la realidad. Uno de los grandes logros de este libro es dar un *giro epistémico* a las categorías analíticas presentadas, en términos teológicos. De esta forma, la teología cristiana se muestra como una fuente donde convergen las tensiones inherentes a lo que Rieger expone como la dinámica de arriba y de abajo en el presente mundo globalizado, y las tensiones de poder duro y blando en las que se fungen. De esta manera, dichos lentes nos permiten ir más allá de las, muchas veces, estereotipadas lecturas teológicas en torno a ciertos temas o campos clásicos, permitiéndonos ver la "reserva de sentido" crítico y político que poseen, desde las historias evangélicas sobre el ministerio de Jesús hasta las disputas teológicas en tiempos de la conquista, la Declaración de Barmen y el aporte de las teologías de la liberación.

En esta misma línea, el libro establece tres ejes que me parecen fundamentales para pensar en una teología confrontada con los desafíos del espacio público actual global: la democracia, la subjetividad y la trascendencia. En pocas palabras, estas líneas remiten al gran desafío que

Prólogo

conlleva hoy para las dinámicas sociales, la presencia de una diversidad de procesos de identificación, que cuestionan las prácticas e imaginarios políticos tradicionales. Todo esto se da en el marco de un ambiente democrático que día a día se confronta a avances y retrocesos en sus configuraciones institucionales, a la vez de transformarse en un escenario de disputas de poder, tanto positivas como excluyentes. Todo esto se gesta en un escenario intrínsecamente teológico -como insiste reiteradamente Rieger en su obra: la teología es parte constitutiva de la globalización-, donde la dimensión de la trascendencia deja de ser un sentido metafísico descriptivo, para transformarse en un horizonte de imaginación teológica (Hinkelammert), que nos permite observar, caminar, cuestionar y desplegar nuestro activismo, desde un "más allá" que se abre desde las propias posibilidades que habitan nuestro mundo global, con sus bellezas, sus contradicciones y sus paradojas.

En conclusión, *Globalización y teología* nos marca una agenda abierta y un posible esquema, para repensar algunos necesarios reajustes que el quehacer teológico y el activismo religioso latinoamericanos necesitan hacer en vistas de su relevancia actual. Un replanteamiento que, como destaca Rieger, a pesar de confrontarse a una necesaria resignificación frente a ciertos reduccionismos históricos que acarrean nuestras teorías críticas, no implica que debamos caer en una falsa "neutralidad", cuya mentira, al final, legitima los poderes de exclusión. Más bien, es aprender a proyectarnos en la potencia inscrita en la alteridad divina, para reimaginar posibles mundos a partir de las diferencias y comisuras que se abren como posibilidades salvadoras entre las tensiones y disputas inherentes a nuestro mundo.

Nicolás Panotto

Santiago de Chile, julio 2020

Introducción

"Globalización" es uno de los términos cliché de nuestro tiempo y se usa a menudo en referencia a fenómenos económicos, políticos y culturales que han llegado a afectar la totalidad del globo terráqueo. Como veremos, aunque existan distintos modelos de globalización, con frecuencia se habla sobre ésta en sus formas dominantes, como la propagación de corporaciones globales y el modo en que éstas dan forma a las economías de países enteros, y la proliferación de acuerdos de libre comercio que supuestamente facilitan el flujo de bienes y dinero de un país a otro. También se habla de globalización en términos de las alianzas y tensiones políticas entre países, algo que se torna muy visible en las guerras que tienen lugar permanentemente en un mundo globalizante. Asimismo, es tema de debate el impacto que la globalización ejerce sobre las culturas que cambian muchas veces en forma rápida, principalmente bajo la influencia de culturas que se benefician de una globalización económica y política.

Sin embargo, algo que se omite mayormente es que la teología cristiana ha desplegado su propia historia de globalización desde el mismo momento en que emergiera en el mundo globalizante del Imperio Romano. Por esta razón, la teología cristiana y la globalización no constituyen dos temas separados: están orgánicamente entrelazadas más que artificialmente conectadas. El hecho de que, generalmente, la teología no haya llegado a comprender sus conexiones inextricables con la globalización es uno de los problemas que abordará este libro.

A medida que investiguemos teología cristiana y globalización de manera conjunta, se verá claramente que la teología ya no puede entenderse sin la globalización. Desde su propio comienzo, la teología fue influenciada por procesos globalizantes; tengamos en cuenta, por ejemplo, que el Nuevo Testamento fue escrito en griego, la lengua de un proceso globalizante temprano, en lugar del arameo, la lengua que Jesús y sus primeros discípulos hablaban. Aun así, es igualmente importante para el tema que nos ocupa que la globalización no pueda, en última instancia, ser comprendida sin la teología.

Muchos lectores interesados en la teología esperarán que este libro sea una respuesta teológica a la globalización, mas una respuesta tal no podrá contemplarse hasta que hayamos comprendido el modo en que la teología es –para bien o para mal– parte del proceso de la globalización. Del mismo modo, los lectores interesados en aspectos de la globalización podrán esperar que este libro plantee algún argumento teológico a favor o en contra de la globaliza-

Introducción

ción, pero ese argumento no podrá ser avanzado a menos que se entienda cómo los procesos de la globalización están inextricablemente relacionados a algunos desarrollos teológicos. Este libro comienza, por lo tanto, ocupándose de las muchas intersecciones de la globalización económica, política, cultural y teológica; intersecciones que pasan, en su mayoría, desapercibidas.

Complejidad

Uno de los peligros de ocuparse de la globalización y la teología está relacionado al reduccionismo. Los autores del *The Global Transformations Reader* [Libro de lecturas sobre transformaciones globales] nos advierten sobre esto: "Reducir la globalización a una lógica puramente económica o tecnológica es … profundamente engañoso dado que esto ignora la complejidad inherente a las fuerzas que moldean a las sociedades modernas y al orden mundial."[1] Ésta es, sin duda, una percepción importante que seguiremos en este libro. Sin embargo, para los estudiosos de la teología y la religión, el problema tiene que ver con el otro extremo ya que, en ese campo, el mundo de las ideas, de los símbolos y de las prácticas religiosas es tratado generalmente abstrayéndose de los fenómenos económicos y tecnológicos. Por tal razón, en este libro tendremos que superar otro tipo de

---

1 David Held y Anthony McGrew, eds., *The Global Transformations Reader: An Introduction to the Globlalization Debate*. Cambridge: Polity Press, 2000, p. 6.

reduccionismo, uno que limita a la reflexión teológica en sus propios rumbos; involucrar el debate sobre la globalización es un modo de lograrlo.

Mientras que invocar la complejidad puede convertirse en un escape para no enfrentar temas acuciantes –que en el contexto de la globalización están muy ligados a presiones económicas y políticas–, una conciencia de la complejidad, tanto de la globalización como de la teología, también puede contribuir a la identificación de alternativas. La buena nueva para tener en mente en este contexto es que la globalización no constituye un fenómeno unificado; si así fuera, este libro trataría sobre cosas que se vuelven constante e invariablemente *más idénticas*. Por un lado, la teología estaría en camino de convertirse en un fenómeno uniforme, en el cual se esperaría que todo el mundo pensara exactamente lo mismo. Por otro lado, si la globalización fuera un fenómeno unificado, se esperaría que los movimientos económicos, políticos y culturales estuviesen en total armonía con los desarrollos teológicos y viceversa.

Aunque se dé con frecuencia que economías, políticas, culturas y teologías dominantes vayan de la mano, en este libro también examinaré formas alternativas de globalización. Las formas dominantes de globalización tienden a desplazarse de arriba hacia abajo, produciendo concentraciones de poder en manos de cada vez menos gente, y grandes sectores de la teología han hecho rápidamente lo mismo sin ser conscientes de que sus enfoques imitan el

Introducción

modelo de desplazamiento de una globalización dominante. Las formas alternativas de globalización tienden a moverse en la dirección opuesta –de abajo hacia arriba e incluyendo grupos de gente más amplios– y lo más estimulante es que algunas teologías han estado al frente de tales movimientos. En estos casos el nivel de conocimiento acerca de los desafíos de la globalización (y, por lo tanto, del horizonte epistemológico) es mayor, por el hecho mismo de que las alternativas dentro de un contexto dominante necesitan ser adoptadas conscientemente; "ir con la corriente" no constituye aquí una opción.

Como veremos, las formas dominantes de globalización avanzan borrando y eliminando alternativas. Las formas alternativas de globalización no solo resisten esa tendencia alentando la diversidad, sino también promoviendo visiones frescas de la diversidad en la unidad. Parafraseando al biblista alemán Ernst Käsemann, el canon del Nuevo Testamento es, en sí, la base de la diversidad de la iglesia, más que su unidad monocromática. Lo mismo podría decirse acerca de los muy diversos cuerpos de escritura contenidos en lo que los cristianos llaman el Antiguo Testamento. No en vano algunos teólogos y teólogas cristianos, muy preocupados por el desafío de esta diversidad, han sugerido que el mismo canon bíblico podría ser parte del problema.

En lo que sigue, nos aproximaremos al tema de la globalización y la teología en términos de su historia. Aunque esta historia sea en sí misma compleja, con muchas idas y venidas, emergen ciertos patrones que nos ayudarán a entender el cuadro más amplio de los desafíos que nos acosan en nuestra situación contemporánea.

Evaluación

Una advertencia final: Así como la globalización es en sí misma un fenómeno complejo, lo es también su evaluación. Los relatos moralizantes focalizados sobre las intenciones son aquí de poca ayuda, ya que tienden a atribuirle al otro lado intenciones poco límpidas. Sin embargo, aún los más duros globalizadores fueron generalmente bienintencionados y sintieron que estaban haciendo lo correcto. Los romanos afirmaban que su imperio traería la paz (la *pax romana*) y una vida mejor, los cruzados medievales lucharon por la salvación y la liberación, y el capitalismo neoliberal promete felicidad futura para todos. El hecho de que los procesos de globalización estén comúnmente respaldados por las mejores intenciones es más que una estratagema de mercado.

En este contexto, teólogas y teólogos cristianos necesitan hacerse diferentes preguntas: ¿Cómo se dimensionan estas diversas materializaciones de la globalización frente a lo que entendemos como lo divino representado en el núcleo de las tradiciones judeocristianas y en la persona y obra de Jesucristo? Más precisamente, ¿qué tipo de poder

Introducción

opera aquí y cómo se relaciona con la manera en que las diferentes teologías conciben el poder divino? Estas cuestiones se ubican en el centro de los desacuerdos entre las diferentes formas teológicas de ocuparse de la globalización que se presentan a continuación.

Hay un asunto más para tener en cuenta. Si nos preguntamos qué contribuciones podrían hacer estas varias materializaciones de la globalización al verdadero bienestar humano y del mundo al cual Dios ama (Jn 3:16), Jesús mismo presentó este criterio a sus seguidores: "Por sus frutos los conoceréis" (Mt 7:16).[2*]

---

2 * NT: Todas las citas textuales de la Biblia están extraídas de la versión Reina-Valera 1995.

Capítulo uno
Globalización, teología y poder duro

En la actualidad, se olvida frecuentemente que la globalización no existe sin precedentes. Una mirada a la historia nos dice que la globalización es un fenómeno viejo, estrechamente conectado a la emergencia de una variedad de imperios en la historia humana. Si bien los imperios se dan en diferentes formas y maneras, tienen en común el esfuerzo por expandir su alcance lo más lejos posible, geográficamente y en otros aspectos, a la vez de poner toda vida bajo su control.[1] Como veremos, el control puede ser ejercido de diferentes modos, pero una de sus formas más comunes es a través del poder duro.

En este contexto, globalización significa la expansión del control –principalmente a través del uso del poder

---

1 Esta definición básica de *imperio* aparece desarrollada en Joerg Riegger, *Christ and Empire: From Paul to Postcolonial Times*. Minneapolis: Fortress Press, 2007 y en Joerg Rieger, "Christian Theology and Empires," en *Empire and the Christian Tradition: New Readings of Classical Theologians*, ed. Kwok Pui-lan, Don H. Compier, y Joerg Rieger. Minneapolis: Fortress Press, 2007.

duro– sobre un área geográfica siempre creciente, y en conjunción, sobre cada vez más aspectos de la vida no solo económicos y políticos, sino también culturales, religiosos, personales, emocionales, etc. Este tipo de globalización puede ser definida en términos de una expansión del poder de arriba hacia abajo en todas las escalas de la vida, de poderes diferenciales crecientes, de supresión de alternativas a todos los niveles, y en términos de una borradura concomitante de la diferencia local. Esta borradura de la diferencia, como se nota con frecuencia, se da al nivel cultural; por ejemplo, a medida que los modos tradicionales de vida y pensamiento son abandonados. Sin embargo, esta borradura de la diferencia se manifiesta incluso en la supresión de la diversidad biológica, tanto pasada como presente. Por ejemplo, los romanos influenciaron profundamente los circuitos ecológicos al deforestar grandes regiones costeras para construir las flotas y el paisaje de las costas mediterráneas acusa todavía las marcas de aquellas acciones. El objetivo de este modo de globalización es el mayor control posible tanto del mundo como de la realidad, y uno de sus resultados es la brecha creciente entre los de arriba y los de abajo, entre los ricos y los pobres. La globalización de arriba hacia abajo crea, en sus diferentes manifestaciones, concentraciones de poder y de riqueza en manos de unos pocos, en detrimento de una mayoría de personas.

El Imperio romano servirá como nuestro primer caso

porque provee el contexto en el cual el cristianismo nació –contexto que influenció profundamente a las tradiciones judeocristianas. La transición romana entre la República y el Imperio se oficializó con el surgimiento del primer emperador, Gayo Julio César, y en ese proceso, el poder y la riqueza se concentraron arriba aún más. El nacimiento de Jesús sucedió sólo unas décadas más tarde, durante el reinado del segundo emperador romano, Augusto. Este escenario es importante porque la influencia del Imperio se extiende a todos los aspectos de la vida, por lo tanto, no es sorprendente que el movimiento de Jesús se encontrara en todo tipo de conflictos con el statu quo y con todos aquellos que no vieran más alternativa que adaptarse a él. En el corazón de esos conflictos estaba la cuestión del poder y su justificación teológica: El poder divino, ¿se ubicaba arriba, con las diferentes élites? ¿o se movía abajo con el pueblo, allí donde se construía el movimiento de Jesús?

Aunque en entrelíneas y en lenguaje cifrado, las tensiones entre el Imperio romano, sus partidarios y el cristianismo emergente pueden verse en muchos de los escritos del Nuevo Testamento. Los autores necesitaron ser cautelosos porque la influencia del Imperio lo penetraba todo no solo en los tiempos de Jesús, sino en el suyo propio, a finales del primer siglo. Quienes escribieron los Evangelios narran, por ejemplo, la participación de las autoridades romanas en la crucifixión de Jesús de maneras ligeramente diferentes, algunas más prudentes que otras. No obstante, todas preservan una "memoria peligrosa" del hecho que Jesús habría sido una amenaza para las aspiraciones del Imperio.

En ese contexto, política y religión, así como los diferentes actores, están inextricablemente conectados: el Imperio romano no está representado solamente por Poncio Pilatos, el gobernador romano, sino también por los sumo sacerdotes judíos nombrados por los gobernadores romanos y por los vasallos del poder romano tales como Herodes y su gente. [2] El poder duro del Imperio romano, que ejercía especial fuerza sobre las provincias lejanas y rebeldes, funcionaba a través de todos esos canales. Los ejercicios militares directos, la brutal devastación de comunidades enteras y las masacres en masa no eran nada fuera de lo común; algunas de estas manifestaciones del Imperio aparecen reflejadas en la vida de Jesús. Inmediatamente después del nacimiento de Jesús, el Evangelio de Mateo informa que Herodes ordenó la matanza de todos los niños en el área de Belén para deshacerse de aquello que podría llegar a convertirse en una amenaza para su poder. Esta manera de aterrorizar y traumatizar a la población tuvo consecuencias; una de ellas aún prevalece en el mundo contemporáneo entre las comunidades de migrantes y refugiados: la familia de Jesús también fue forzada a emigrar como refugiada a Egipto (Mt 2:13-16).

---

2 Ver Richard Horsley, *Jesus and Empire: The Kingdom of God and the New World Disorder*. Minneapolis: Fortress Press, 2003, pp. 33–34. [Versión en castellano: Richard Horsley, *Jesús y el Imperio. El Reino de Dios y el nuevo desorden mundial*, trad. Ricardo López Rosas. Estella, Navarra: Verbo Divino, 2003.]

Con esta inextricable relación entre religión y política en mente, la respuesta proverbial de Jesús acerca de pagar los impuestos debe considerarse bajo una nueva luz. Con frecuencia se hace referencia a la admonición "dad al César lo que es del César y a Dios lo que es de Dios" como si Jesús estuviera argumentando a favor de una convivencia pacífica de imperio y religión, como si el emperador fuese el dirigente de lo político y Dios el de lo religioso. Pero Jesús puede ser difícilmente acusado de olvidar lo que todo judío conocía, a saber: que Dios nunca podía ser relegado al dominio de lo religioso (idea que es, en esencia, un invento moderno) dejándole al emperador el domino político. Los tres evangelios que refieren esta historia mencionan que el contexto de la advertencia de Jesús era una trampa tendida tanto por sus adversarios religiosos como políticos (así como lo notan Marcos y Mateo). Lucas enfatiza el hecho de que ellos estaban asombrados de no poder atrapar a Jesús "delante del pueblo." El pueblo, por lo tanto, debe haber poseído lo que James Scott ha llamado los "discursos ocultos" que son parte importante de las "artes de la resistencia" (ver Lc 20:20-26).[3] La estrategia globalizadora imperial de borrar la diferencia local parece no haber funcionado en esta situación.

Estas tensiones con el poder duro del Imperio romano

---

3 James Scott, *Domination and the Arts of Resistance: Hidden Transcripts*. New Haven: Yale University Press, 1992. [Versión en castellano: James C. Scott, *Los dominados y el arte de la resistencia. Discursos ocultos*, trad. Jorge Aguilar Mora. México D.F.: Era, 2000.]

se sucedieron e intensificaron después de la ejecución de Jesús, respaldando la impresión de que la crucifixión no puede haber sido un error de ocurrencia única del Imperio. El cristianismo primitivo se mantuvo en nítido contraste con el culto del emperador; este último dirigía la adoración religiosa hacia el emperador y constituía una parte mucho más significante de la estructura total del Imperio romano de lo que las investigaciones teológicas hayan percibido. La temprana confesión cristiana "Jesús es Señor" era un desafío directo al poder del Imperio que sostenía que el emperador era señor. Otras declaraciones de la fe cristiana equivalían a lo mismo y no podían pasar desapercibidas: confesar a Jesús como salvador, cuando el emperador era considerado salvador; proclamar la fe –y, por lo tanto, la lealtad– en Jesús, cuando el objeto de fe era el emperador; afirmar que Jesús era el Hijo de Dios, cuando el emperador era considerado el hijo mismo de la divinidad. Debe haber habido otro lenguaje disponible para referirse a Jesús, pero parece que Pablo no estuvo interesado en usarlo.

A esta altura debería estar claro que una mera explicación religiosa de estas tensiones no es suficiente. Los romanos eran bastante tolerantes en cuanto a lo religioso y se las arreglaban para incluir dioses de otras religiones en su culto, como las deidades egipcias Isis y Osiris. Tanto entonces como ahora, a quienes detentan el poder en un mundo globalizante no les preocupa algún que otro desvío cuando sus intereses no son desafiados. Sin embargo, lo que no puede ser tolerado son las alternativas concretas, tales como aquellas provistas por el cristianismo primitivo. Mientras que en las mentes romanas podía haber un espacio bien definido para otros señores, salvadores e hijos divinos que estuviesen dispuestos a seguirle la corriente al poder del emperador, poner a Jesús en ese lugar de poder era inaceptable. Un jornalero de la construcción de Galilea que liderase un movimiento de gente común y terminase en una de las cruces del Imperio –y Pablo continuaba recordándoles esa cruz a sus integrantes– no podía ser fácilmente asimilado por el Imperio y su concentración de poder en manos de unos pocos.

La tolerancia de quienes buscan regir al mundo de arriba hacia abajo, a través del poder duro, sólo puede llegar hasta allí. Ellos no pueden aceptar la existencia de verdaderas alternativas y son incapaces de incorporar a sus esquemas globalizadores tipos de poder alternativos, especialmente aquellos que funcionen desde abajo contraponiéndose a los desplazamientos típicos de las aspiraciones de dominio global de los imperios. Para que el control del Imperio romano se mantuviese, el control del emperador también necesitaba mantenerse. El aparato teológico total del Imperio romano estaba designado para mantener ese tipo de control, e imaginar el poder de Dios en términos del poder del emperador era crucial.

A diferencia de la confesión del señorío de Jesús, los principios del teísmo clásico se correspondían con los requerimientos del Imperio y proveían un valioso apoyo a sus fines. El teísmo clásico concebía a Dios no solo como todopoderoso, sino también como inmutable e impasible, cualidades diseñadas para afirmar el poder unilateral y de arriba hacia abajo. Lo divino se tornaría menos que todopoderoso y su poder de arriba abajo se vería comprometido, si algo estuviera en condiciones de afectarlo, tocarlo o cambiarlo. El credo niceno producido en el cuarto siglo a instancias y bajo la supervisión de Constantino, el primer emperador cristiano, ha sido con frecuencia leído bajo esa luz. Si Jesús es de la misma sustancia de Dios, como Constantino propusiera al Concilio de Nicea y como el Concilio afirmase en el credo niceno, el asunto es cómo Dios es visualizado. Si Dios se visualiza en términos del teísmo clásico y, así, en los términos del poder de arriba hacia abajo de las élites, Jesús puede entonces ser visualizado en esos términos y, por lo tanto, como un defensor del poder desde arriba del Imperio.

Incluso la forma del credo niceno –el primero llamado credo ecuménico– lleva la impronta de los esfuerzos globalizadores del Imperio romano. Es ésta la primera vez que la teología cristiana encuentra su expresión en el formato de los decretos imperiales universales. Mientras que el canon del Nuevo Testamento da testimonio de la diversidad de la iglesia primitiva y de lo que podría llamarse "la unidad en la diversidad," el credo niceno presenta un modelo diferente.

Globalización, teología y poder duro

En el Concilio de Nicea la iglesia adoptó los procedimientos por medio de los cuales el Imperio forjaba sus decretos: las decisiones fueron tomadas por un concilio unificado convocado, fundado y conducido por el emperador. Constantino, presidiendo el Concilio de Nicea, propuso el término teológico central del credo niceno: la homousia (igualdad esencial) de Dios y Jesús, primera y segunda personas de la Trinidad. Con el Concilio de Nicea la iglesia ingresó a un proceso de globalización cualitativamente distinto del que había atravesado anteriormente. Sin embargo, esos esfuerzos globalizantes no fueron completamente exitosos y, como veremos en el próximo capítulo, existen maneras alternativas de interpretar el credo niceno.

El poder que impulsa a estas formas de globalización es del tipo duro y, claramente, desde arriba. Las expoliaciones y conquistas del ejército romano, diseñadas para expandir el Imperio tanto como fuera posible, son bien conocidas; fuerzas similares fueron aplicadas también en los confines del Imperio. Jesús fue uno entre los tantos crucificados porque ese era el modo preferido de ejecutar a los insurgentes políticos. Tal método de ejecución demostraba el poder del Imperio romano sobre los súbditos y sus comunidades; los romanos podían llegar a crucificar hasta dos mil personas en un área, en un solo día. El terror que tales hechos debe haber infligido a la población es difícil de imaginar. Las crucifixiones y otras formas violentas de ejecución, tales como utilizar personas como antorchas humanas para iluminar las fiestas ofrecidas por los que estaban en el poder, eran medios de ajusticiar a los cristianos hasta bastante tiempo después de la muerte de Jesús; incluso el apóstol Pablo parece haber sido ejecutado por métodos similares.

Si recordamos el hecho de que Pablo pasó su vida entrando y saliendo de prisiones romanas, tampoco podemos considerar que su suerte –tal como la de Jesús– haya sido un error del Imperio. Aquí, el tipo de diferencia local que debía ser borrada era, en efecto, peligrosa ya que mantenía una promesa real de proveer alternativas amplias que presentaban un desafío para el Imperio. El poder duro, desde arriba, en manos de unos pocos, necesita trazar líneas claras para mantener su fuerza sobre las masas, incluso cuando pueda mostrar cierta tolerancia dentro de tales líneas.

Otro ejemplo del tipo de globalización que avanza a través del poder duro y de arriba hacia abajo, es la conquista española. Allí también, teología y globalización van de la mano. Colón zarpó hacia el oeste con la firme creencia de que era voluntad de Dios expandir el alcance del Imperio español. Luego que los españoles hicieran pie en el Nuevo Mundo para tomar posesión de éste, fue el papa Alejandro VI quien, en 1493, promocionara el reinado del emperador español sobre ese mundo bajo el título de "sacro emperador romano." Las críticas a tal acontecimiento han afirmado con frecuencia que el principal propósito de ese tipo de globalización fue la codicia. Gustavo Gutiérrez, por ejemplo, ha propuesto que la alternativa frente a los conquistadores era "Dios o el oro."

Sin embargo, no se puede pasar por alto que los conquistadores tuvieron fuertes preocupaciones teológicas propias y que el respaldo papal no puede ser reducido a un simple asunto de codicia. La conquista no fue guiada meramente por el hambre de riquezas y poder, sino también por imágenes particulares de Dios como un monarca celestial que, a través de la Iglesia Católica Romana, propiciara las monarquías terrenas de españoles y portugueses tanto locales como de ultramar, además de un sentido particular de misión.

El poder duro que se ejerció en la conquista está firmemente probado en de los textos de historia. Los nativos de las Américas fueron esclavizados con tal efectividad que millones de ellos murieron, hecho equivalente a un genocidio. Aún las estimaciones más cautelosas colocan la población de los territorios colonizados en setenta millones antes de la llegada de los españoles y en diez millones para 1625.[4] Toda resistencia fue brutalmente reprimida. En los primeros años de la conquista los conquistadores mataron cientos de miles usando con frecuencia métodos de crueldad inimaginable, tales como desventrar a las personas o

---

[4] Ver Gustavo Gutiérrez, *Las Casas: In Search of the Poor of Jesus Christ*, trans. Robert Barr. Maryknoll, N.Y.: Orbis Books, 1993, pp. 461–62. [Original en castellano: Gustavo Gutiérrez, *En busca de los pobres de Jesucristo. El pensamiento de Bartolomé de las Casas*. Lima: CEP, 1992].

quemar vivos a los jefes en público. Incluso el trabajo misionero, que fue de la mano de a la conquista, refleja el uso del poder duro; aunque, de una manera bastante particular, dado que sus principales teólogos, que escribían en España, no querían extender los métodos de la conquista de manera directa a la conversión misionera. El resultado fue que no se permitiera la conversión de los nativos a través de la fuerza.

La guerra como medio de conversión fue rechazada no solo por los opositores a la conquista –como Bartolomé de las Casas–, sino también por aquellos teólogos que estaban a favor de ésta –pensadores tan diferentes como Juan Ginés de Sepúlveda y Tomás de Vitoria (quien dejara importantes fundamentos para el derecho moderno). El uso de los medios de guerra fue únicamente permitido cuando los nativos se resistiesen a la proclamación del evangelio. En otras palabras, el poder duro era admisible cuando los nativos podrían haber provisto alternativas al cristianismo promovido por los españoles y, por extensión, al orden imperial español. Los misioneros podían considerarse competentes, siempre y cuando toda alternativa concreta pudiese ser suprimida de este modo.

Este acercamiento echa algo de luz sobre el fenómeno observado con frecuencia de que la conversión de la población nativa americana sólo se diera se manera superficial. Por debajo de la fe cristiana adoptada, los nativos podían seguir manteniendo algunas de sus tradiciones; tal arreglo dio lugar a imágenes religiosas híbridas. Sin embargo, estos arreglos no son inusuales en situaciones de grave poder diferencial, basadas en un poder duro ejercido desde arriba; en estos casos, las élites de poder no necesitan estar excesivamente preocupadas por la microgestión de la vida de la gente. El imperio parece estar seguro, siempre y cuando la masa de gente se adapte a los estándares comúnmente aceptados en público y, en el caso de los españoles, tales estándares estaban contenidos en el cristianismo.

Debe existir aquí una cierta analogía con la situación contemporánea, en la cual el capitalismo no parece estar muy preocupado en la microgestión, siempre y cuando la gente acepte sus principios fundamentales. Desde el punto de vista del mercado y la publicidad, debe ser incluso ventajoso que la gente encarne los principios básicos del capitalismo de modo tal que los adapten a sus propias actividades culturales. En tal situación, las diferencias locales no solo no representan una amenaza, sino pueden ser usadas para influir sobre más gente de manera más efectiva. Debe ser, por ejemplo, más fácil influenciar a los hispanos en Estados Unidos si los avisos publicitarios orientados hacia su gusto aparecen en español.

Formas más iluminadas del poder de arriba hacia abajo, especialmente aquellas sostenidas de manera segura por grupos poderosos tales como los cuerpos de conquistadores españoles o las corporaciones globales, saben que existen ciertas ventajas en captar a la gente allí donde esté.

Un ejemplo de esta postura puede ser la cultura mestiza en el sur de las Américas, que permitió la mezcla e interrelación a pesar de las jerarquías claramente ordenadas (mantenidas a través de grados de combinación y lugar de procedencia: nacidos en España o el Nuevo Mundo). En cambio, si las diferencias locales se integran de manera exitosa dentro del sistema, dejan de representar un desafío. El patio de comidas de un centro comercial, con toda su diversidad culinaria, ejemplifica este tipo de domesticación en una manera extrema.

Finalmente, debemos referirnos a otra manera de globalización desde arriba por medio del poder duro: el fenómeno moderno del fascismo. Allí también la teología y el proceso de globalización van de la mano. El fascismo alemán, por ejemplo, es fundamentalmente malentendido cuando se lo considera como la operación de un grupo secular de agentes de poder. El teólogo suizo Karl e entendió el problema que estaba en juego en esas circunstancias cuando, en el principio de su Dogmática de la Iglesia, definió la tarea de la teología como la lucha de la fe cristiana contra la fe cristiana distorsionada, más que como la lucha contra el ateísmo y contra aquellos que no reivindican la fe. La Declaración de Barmen de 1934 de la Iglesia Confesante alemana –de la cual Barth fuera uno de los autores principales–, se opuso al uso del cristianismo y la religión para los propósitos del fascismo. Su objetivo no era desafiar la falta de fe, sino rechazar la fe cristiana distorsionada que había llegado a promover una ideología fascista y el dominio de los pocos sobre los muchos, incluso en la iglesia.⁵

El fascismo alemán es bien recordado por haber ejercido el poder duro. La guerra, por caso, era considerada parte legítima de la política en relación con otros países. Al interior de la nación, el poder duro se manifestaba en una creciente población carcelaria, medida que suponía mantener las calles "seguras" no solo de quienes representaran un riesgo criminal, sino también de aquellos que encarnasen alternativas concretas. Como se recuerda con frecuencia, seis millones de judíos fueron asesinados en campos de concentración alemanes, pero también otros seis millones de personas fueron asesinadas en esos campos por diferir con la imagen fascista del ideal alemán, entre ellas: homosexuales, gitanos, socialistas, comunistas y líderes sindicales. Los servicios secretos estaban en todas partes usando todo método disponible para difundir el terror, incluso la tortura. Los soldados que peleaban las guerras expansionistas de Alemania vestían un cinturón en cuyos broches se leía "Dios con nosotros" (Gott mit uns) y recibían el apoyo de un ejército de capellanes que, a su

---

5 Considérese, por ejemplo, el artículo 4 de la Declaración de Barmen: "'Como ustedes saben, entre los paganos los jefes gobiernan con tiranía a sus súbditos, y los grandes hacen sentir su autoridad sobre ellos. Pero entre ustedes no debe ser así. Al contrario, el que entre ustedes quiera ser grande, deberá servir a los demás' (Mateo 20:25-26). Los diferentes ministerios de la Iglesia no son causa del dominio de unos sobre otros, sino el desempeño del servicio que le ha sido encomendado y confiado a toda la comunidad eclesial. Rechazamos la falsa doctrina según la cual, aparte de este servicio, la Iglesia tendría poder y autoridad para darse o aceptar autoridades especiales dotadas de atributos o de dominio." Disponible en Internet en: http://ierp.org.ar/declaracion-de-barmen/

vez, recibía el apoyo y el estímulo de las iglesias en cuyos santuarios se exponían altivamente las esvásticas y otros símbolos de orgullo nacional.

Ese matrimonio entre poder desde arriba y cristianismo es profundamente cuestionado en la Europa actual y es, probablemente, la causa de la actitud escéptica frente al cristianismo que se encuentra con frecuencia en los países europeos. Es siempre sorpresivo para los europeos que actitudes similares no existan, por ejemplo, en Estados Unidos, donde el cristianismo todavía apoya entusiásticamente la guerra y otras expresiones de poder duro. En Alemania ya no se encuentran banderas en las iglesias y, aunque el alcance del ejército alemán haya sido ampliado nuevamente al suspenderse la interdicción que por décadas le prohibió operar fuera de las fronteras de Alemania, es difícil imaginar una oración pública del tipo "Dios bendiga a nuestras tropas."*[6]

Sin lugar a dudas, la teología cristiana no fue meramente usada contra su voluntad. Ésta comúnmente se relacionaba de manera positiva con las ideas fascistas y sus agendas elitistas, así como lo muestra la literatura teológica de ese tiempo. Un teólogo prominente como Karl Heim, por ejemplo, comparaba favorablemente las cualidades para el liderazgo de Jesús y de Hitler. Heim sostenía que la presencia de un líder fuerte sirve como recordatorio de

---

6 * N.T.: "*God bless our troops*" es una expresión de uso relativamente común en los Estados Unidos de América.

que no somos capaces de guiarnos a nosotros mismos. La teología es arte y parte de este abordaje, como nota Heim: "Si vivimos nuestra vida bajo el liderazgo de otro, hemos puesto en sus manos incluso nuestro conocimiento de las cosas fundamentales."[7] La proclamación orgullosa de Ludwig Müller –obispo del Reich, elegido por Hitler– acerca de que él creía en todas las doctrinas, debe considerarse también contra este trasfondo. Obviamente, la ortodoxia doctrinal no era garantía de que el cristianismo mantuviese un curso diferente que aquel de los poderes establecidos.

---

7 Karl Heim, *Jesus der Herr: Die Führervollmacht Jesu und die Gottesoffenbarung in Christus*. Berlín: Furche Verlag, 1935, p. 77.

Capítulo dos
Globalización y teologías que proveen alternativas al poder duro

Si bien las consideraciones previas sobre globalización y teología refieren a una herencia problemática –especialmente a la luz de los tremendos costos que éstas han hecho recaer sobre el florecimiento humano y ambiental–, han existido otras alternativas desde el principio. Cientos de millones de personas han sido aniquiladas por procesos de globalización desde arriba en los últimos dos milenios, y esto sólo representa la punta del iceberg de las relaciones sociales perniciosas encarnadas en relaciones ecológicas nocivas.[1] Sin embargo, han existido también formas más constructivas y benévolas de globalización respaldadas por modelos teológicos alternativos.

Mientras analizamos esas alternativas, tengamos en

---

[1] La conexión entre relaciones sociales y relaciones ecológicas es examinada por David Harvey en "What Is Green and Makes the Environment Go Round?" en *The Cultures of Globalization*, ed. Fredric Jameson y Masao Miyoshi. Durham, N.C.: Duke University Press, 1998, pp. 327-55.

cuenta que ellas emergen en medio del forcejeo contra formas de poder duro. En el contexto de una sucesión interminable de formas de globalización desde arriba que buscan expandirse tanto como les sea posible en el mundo conocido, no existe un espacio neutral o una distancia segura desde la cual operar. El sentimiento posmoderno de que ya no existe un "afuera" de nuestro mundo describe la realidad de las formas de globalización desde arriba, en especial, la realidad de sus víctimas. Aunque este sentimiento se ha intensificado en la situación actual, algunas manifestaciones imperiales tempranas fueron capaces de crear impresiones similares. Siempre estarán quienes sientan que tienen cierta libertad y espacio personal –especialmente aquellos que gozan de algo de poder en el sistema–, pero esto probablemente tenga más que ver con burbujas artificiales e ilusiones asociadas, que con una apreciación realista del mundo globalizante.

Dado que las alternativas a la globalización desde arriba que vamos a tratar aquí emergen en el medio de presiones, no nos deberán sorprender las imperfecciones y las contradicciones. Las luchas de vida o muerte dejan poco espacio para la perfección y el perfeccionismo. Edificar movimientos alternativos es difícil en tales circunstancias, pero parece que eso es lo que Jesús hizo y lo que lo tornó peligroso. A diferencia de otros que produjeron huellas de corta duración a través de la violencia simbólica o imprecando a los poderes establecidos, Jesús edificó un movimiento en el cual el último sería el primero y el primero último. Y esto, a través de círculos de solidaridad animados por el desafío de un compromiso inquebrantable: "Ninguno que poniendo su mano en el arado mira hacia atrás, es apto para el reino de Dios" (Lc 9:62).

Por otra parte, al emerger en medio del poder estructurado de arriba hacia abajo, los movimientos alternativos tal como el de Jesús están sujetos a presiones y amenazas constantes. Según el Evangelio de Marcos, la sanación del hombre con la mano "seca" que efectuara Jesús durante el Sabbath al principio de su ministerio, resultó en el intento de matar a Jesús por parte de herodianos y fariseos, representantes estos de distintas ramas del *statu quo* del Imperio (Mc 3:1-6). El famoso anuncio de Jesús en el Evangelio de Lucas acerca de que el Espíritu de Dios lo había ungido "para dar buenas nuevas a los pobres" y que él había sido enviado a "pregonar libertad a los cautivos y vista a los ciegos, a poner en libertad a los oprimidos y a predicar el año agradable del Señor" (Lc 14:18-19), no tuvo un final muy feliz. Luego del asombro y el elogio por parte de la audiencia, la historia termina con Jesús siendo expulsado de la ciudad y en un esfuerzo burdo por "despeñarlo" (Lc 4:28-30).

A pesar de tales presiones y desafíos, el movimiento de Jesús vio su misión expandirse, muchas veces, de maneras insospechadas. En un momento dado, Jesús aprende una lección crucial de alguien que aparte de extranjera, era mujer. En primera instancia, arguyendo que "el pan de los hijos" no debe ser "arrojado a los perros," él rechaza a la mujer siro-fenicia, una gentil que le implora para que exorcice a su hija. La réplica ingeniosa de esa mujer, "incluso los perros comen de debajo de la mesa las migajas de los hijos," no solo subvierte los términos de Jesús, sino que parece efectuar en él un cambio de mentalidad de modo tal que termina concediéndole a la mujer su pedido (Mc 7:24-30).

Surge aquí un nuevo modo de globalización que contrarresta, desde el inicio, las operaciones desde arriba del Imperio romano. Este tipo de globalización une a aquellos que están bajo presión y les da esperanza. Sin duda alguna, las dos formas de globalización –una desde arriba, la otra desde abajo– no se llevan bien. No es accidental el hecho de que Jesús rechazara la oferta que le hiciera el diablo de entregarle "todos los reinos del mundo y la gloria de ellos" (Mt 4:8-10).

Así como Richard Horsley lo ha señalado, las principales divisiones que operan aquí no son entre "romanos" y "judíos," sino entre el pueblo y las elites –incluidos en estas últimas, los sumo sacerdotes judíos y los herodianos.[2] En este contexto, las imágenes religiosas se tornan un importante terreno de disputas, dado que el imaginario ju-

---

2 Richard Horsley, *Jesus and Empire*, p. 54. Nótese la diferencia de esta aproximación con respecto a otros esfuerzos de analizar la cuestión del Jesús histórico; lo que Horsley busca examinar es el nexo social dentro del que Jesús opera y no solamente su legado intelectual.

dío puede tanto contribuir a la globalización operada por el Imperio romano como apuntar hacia globalizaciones alternativas. Esto resulta en una lucha cultural de vida o muerte en la que el poder duro de arriba hacia abajo usa todo medio disponible para asimilar las imágenes culturales y religiosas, y borrar las alternativas concretas. Es por esta razón que la lucha de Jesús por renovar la religión judía debe ser considerada seriamente. La historia muestra que el choque de estos dos modos muy diferentes de globalización tuvo consecuencias: Jesús fue ejecutado por una alianza de élites. Sin embargo, esa ejecución no fue el fin, sino el comienzo de una lucha continua, que duraría un largo tiempo, entre el cristianismo y el Imperio romano.

Como ya hemos observado, cuando Pablo llamó "Señor" a Jesús estaba haciendo uso de uno de los títulos clave del emperador romano. El uso de tal título en un espacio tan políticamente cargado sólo habría tenido sentido si fuese deliberadamente subversivo, especialmente cuando otros títulos sin mayores inconvenientes estaban disponibles. Pablo, cuya vida estaba en constante peligro, debe haber sabido lo que estaba en juego. La única razón de llamar "Señor" a Jesús era señalar la diferencia entre Jesús y el emperador. Pablo debe haber considerado a Jesús como modelo de una forma diferente de liderazgo y de un tipo diferente de poder.[3]

---

3 Ver también los trabajos sobre Pablo de Neil Elliott, John Dominic Crossan y Richard Horsley.

La forma de liderazgo que Jesús como Señor sostenía implica una ruptura radical con las fuerzas globalizadoras del Imperio romano e inicia un proceso diferente de globalización: concretamente, desde abajo. Mientras que el emperador romano lideraba desde arriba, Pablo entendió que Jesús lo hacía desde abajo: "el cual, siendo en forma de Dios, no estimó el ser igual a Dios como cosa a que aferrarse, sino que se despojó a sí mismo, tomando forma de siervo, hecho semejante a los hombres" (Flp 2:6-7). Por tal razón, Pablo proclamó "a Cristo crucificado, para los judíos ciertamente tropezadero, y para los gentiles locura; mas para los llamados, así judíos como griegos, Cristo poder de Dios, y sabiduría de Dios" (1 Co 1:23-24). El conflicto fundamental aquí no es entre "judaísmo" y cristianismo o entre "helenismo" y cristianismo, sino entre dos formas distintas de vida que equivalen a dos formas distintas de globalización.

Esta visión alternativa se refleja en la noción teológicamente cargada de "elección." "Lo necio del mundo escogió Dios, para avergonzar a los sabios; y lo débil del mundo escogió Dios, para avergonzar a lo fuerte; y lo vil del mundo y lo menospreciado escogió Dios, y lo que no es, para deshacer lo que es" (1 Co 1:27-28). Aquí, la forma de globalización desde abajo que era característica del movimiento de Jesús, se continúa y expande. Nótese que esta forma de globalización no tiene nada que ver con el modelo dominante. Pero no debe ser entendida como una variación inofensiva que meramente amplía o enriquece el modelo de arriba hacia abajo. No se trata de añadir lo necio, lo débil, lo vil y lo menospreciado al *statu quo*. Esta nueva forma de globalización resiste y contrarresta la globalización que se impone desde arriba; avergüenza a lo sabio y lo fuerte "deshaciendo" la globalización desde arriba. Todo esto, según Pablo, es lo escogido por Dios –la "elección" de Dios, para usar el término técnico teológico.

El poder de Cristo como Señor, así como Pablo lo describe, se desplaza decididamente de abajo hacia arriba y genera un nuevo modo de estar y ser en el mundo. Éste es el poder que ha demostrado potencia suficiente para extenderse a "todas las naciones" y que se proyecta para durar "hasta el fin del mundo" (Mt 28:20). Al apropiarse y revertir la vieja imagen imperial de la sociedad como un cuerpo (1 Co 12), Pablo manifiesta dos cosas importantes: De manera distinta a la globalización desde arriba, la iglesia, como el cuerpo de Cristo, encarna una situación en la que el poder no demanda la destrucción de la diferencia; pero la diferencia como tal no es suficiente. Incluso el Imperio romano estaba dispuesto a respaldar la diferencia hasta cierto punto, mientras que ésta no desafiase la acumulación diferencial de poder. La imagen del cuerpo en Pablo promueve una visión alternativa de poder: "Dios ordenó el cuerpo dando más abundante honor al que menos tenía" (1 Co 12:24). La globalización desde abajo básicamente demanda que se derribe el diferencial de poder organizado desde arriba y se reconstruya la sociedad y la iglesia desde abajo.

El enfrentamiento entre la globalización desde arriba y la globalización desde abajo es perenne y, por lo tanto, no es sorpresivo que aparezca también en las tradiciones de la iglesia primitiva. En tal contexto, no obstante, este enfrentamiento es empujado cada vez más bajo la superficie, a medida que la iglesia se transforma cada vez más en parte del *establishment*. El credo niceno, por ejemplo, formulado muy poco después de que el cristianismo se convirtiese en la religión oficial del Imperio romano, en el siglo cuarto, puede ser leído tanto en términos de una globalización desde arriba como en términos de una globalización desde abajo. En la superficie, este credo refleja el proceso de globalización desde arriba llevado adelante por el emperador Constantino, que convirtió al cristianismo en la religión oficial del Imperio. Una de las estrategias que siguió este emperador para la unificación imperial fue la unificación religiosa que, en manos del Imperio, se convirtió en una herramienta importante para erradicar diferencias locales: los herejes fueron en su mayoría exiliados y sus escritos destruidos.

Aun así, el credo niceno puede ser interpretado y apropiado en términos de una globalización desde abajo. Constantino se percató de esto demasiado tarde, y quizás por esa razón, más adelante, abandonó el credo niceno y se volvió al arrianismo que mantenía la monarquía, la singularidad y la soberanía absolutas de Dios. La clave para leer el credo niceno a contrapelo, de abajo hacia arriba, se puede hallar en la comprensión de la persona de Jesús. Es llamativo que el credo niceno no llegue a mencionar algo que es parte del corazón mismo de la tradición cristiana: la vida y el ministerio de Jesús. El texto de este credo va de manera directa de la encarnación a la crucifixión, como si aquello que sucediera en el medio no tuviese ninguna importancia.

Allí podemos observar un ejemplo de la cancelación de la diferencia local que es típica de los procesos de globalización desde arriba. El Imperio erradica las narrativas de la vida y ministerio de Jesús en un contexto específico, en un tiempo específico, en solidaridad con el pueblo, para presentar a Jesús como un Dios que combine con los principios del teísmo clásico tales como la impasibilidad, la inmutabilidad y la omnipotencia. El credo niceno no contiene referencia alguna a las diferencias "locales" de la vida y ministerio de un judío obrero de la construcción llamado Jesús que anunciara un reino alternativo –el reino de Dios– en el cual los últimos serían los primeros y los primeros serían los últimos (Mt 19:30; 20:16).

En el enfrentamiento entre dos formas de globalización, está en juego la naturaleza de Dios. El diseño del Concilio de Nicea a cargo de Constantino debe haber pasado por alto la alternativa potencial: cuando incluyó a Jesús en la divinidad, abrió inconscientemente la puerta a la posibilidad de desafiar ideas de Dios concebidas de arriba hacia abajo. Arrio, némesis del Concilio de Nicea, buscó eludir esta alternativa optando por una solución que considerase a Jesús como una entidad muy especial; elevado más allá del mundo y el cielo, pero no precisamente Dios. Cuando se lo ve a través de las lentes del movimiento de Jesús, la afirmación nicena de la divinidad de Jesús desafía las interpretaciones acerca de Dios de arriba hacia abajo, es decir, de Dios como el inmutable e impasible "primer motor inmóvil" de todas las cosas.

Por lo tanto, a través de las lentes del movimiento de Jesús, Dios debería ser repensado simplemente en términos de una relación de iguales. Leer el credo niceno de abajo hacia arriba, desde la perspectiva de la vida y el ministerio de Jesús, tiene consecuencias radicales para la teología: ¿Es Dios quien actúa de arriba hacia abajo y respalda los procesos de globalización desde arriba, así como lo creía el Imperio romano cristiano y lo creen todos los subsecuentes imperios cristianos hasta el día de hoy? ¿O es Dios aquel que conocemos en Jesucristo, que nació en un pesebre de establo en vez de una cuna de palacio, provenía de una zona pobre de Palestina llamada Galilea, era un jornalero de la construcción y estaba más del lado de los enfermos, los marginados y los pecadores que del de los consolidados y poderosos?

En la resistencia frente a los esfuerzos de la globalización desde arriba por sacarse de encima las diferencias "locales," emergen alternativas sustanciales. Dado que las posiciones teológicas conservadoras, que sostienen generalmente el credo niceno, operan mayormente de arriba hacia abajo, nunca discuten tales alternativas. Así, ignoran las diferencias "locales" de la vida y ministerio de Jesús y terminan domesticando a Jesús junto a su encarnación, cruz y resurrección. Que tal cosa suceda consciente o inconscientemente, no hace a la diferencia. A su vez, las posiciones teológicas liberales que buscan dejar de lado al credo niceno y bajarle el tono a la divinidad de Jesús, renuncian también al desafío tremendo que una lectura alternativa del credo le plantea a una iglesia globalizadora. En este caso, lo divino se mantiene a salvo en el cielo, sin desafíos, y listo para respaldar globalizaciones desde arriba hacia abajo. Así, tanto conservadores como liberales, fracasan en desafiar la imagen de lo divino que se encuentra en el núcleo mismo de la globalización desde arriba. Tampoco logran hacer lo más necesario: repensar la imagen de Dios. En este contexto, las lecturas alternativas del credo niceno impulsan alternativas concretas y nos animan a repensar a Dios desde la perspectiva de Jesús, es decir, desde abajo.

Otro ejemplo de resistencia teológica al poder duro y de un modelo alternativo de globalización puede encontrarse en la vida y obra del misionero y teólogo español Bartolomé de las Casas. En este caso, sin embargo, lo conflictivo de todo proyecto alternativo se torna aún más claro por el hecho de que Las Casas termina introduciendo, de manera inconsciente, otro modelo de globalización desde arriba. En sus reflexiones teológicas, Las Casas contrasta dos formas de globalización: lo que él llama "el modo de Cristo" y el modo de los conquistadores españoles. Mientras los españoles proceden con violencia y guerra, Las Casa nota que Cristo lo hace de manera amable: sin lastimar a nadie; sanado, amando y respaldando a las personas. Y, mientras la violenta globalización de los conquistadores produce temor, resentimiento y muerte, la globalización pacífica de Cristo produce confianza, felicidad y vida.

A diferencia de los conquistadores, Las Casas reconocía la humanidad de los nativos. Estudiaba sus costumbres, sus religiones y sus lenguas, y expresaba su aprecio por ellos. A los fines de eliminar razones para que se implementaran acciones misioneras violentas que acompañaran a la conquista, Las Casas buscó crear comprensión y compasión frente a las formas de vida y religión de los indios.[4] Basado en sus estudios, señalaba que los indios no cometían idolatría y que su práctica de sacrificios humanos era malinterpretada. No obstante, lo que podría considerarse como los orígenes tempranos de los campos académicos de la antropología y los estudios religiosos, tuvo ciertos aspectos negativos. En el cuarto capítulo, tendremos que referirnos al hecho de que Las Casas mantuviera una pre-

---

[4] N.T.: Utilizamos el término "indio" [*Indians*, en el original] manteniendo la intención del autor de referir a la terminología utilizada por el mismo Bartolomé de las Casas.

sunción de superioridad del cristianismo y del modo de vida español.

Lo que es crucial aquí, sin embargo, es que Las Casas lograse en cierta medida una mirada sobre los españoles y el cristianismo desde la perspectiva de los indios. Desde este punto de vista, él incluso llegó a percibir a Cristo presente en ellos. Para Las Casas, la presencia de Cristo es más visible en los sufrimientos de los indios, y tal reconocimiento tiene el potencial de desafiar la estrategia de arriba hacia abajo de la conquista española, causante de la mayoría de esos sufrimientos. Luego de que Las Casas renunciase a su propio modo de vida privilegiado, a su encomienda y sus esclavos, su misión se convirtió en una lucha contra la forma de globalización desde arriba encarnada en la conquista española y pudo establecer alternativas que disminuyeran el sufrimiento de los indios. Mientras Las Casas comparaba ese sufrimiento al sufrimiento de Cristo, el problema se torna más claro todavía, si recordamos que el sufrimiento de Cristo fue infligido por la mano de la religión imperial y del Imperio romano de su tiempo.

A esta altura, debería ser ya evidente el hecho de que la resistencia contra las formas de globalización desde arriba no es un fenómeno únicamente contemporáneo. Los desafíos planteados por las protestas organizadas durante los diferentes encuentros de la Organización Mundial del Comercio –comenzando por Seattle en el año 2000–, se ven reflejados en las luchas de Las Casas frente a la conquista española. Lo que se desafía en todos estos casos es el ejercicio de una forma de poder desde arriba que malinterpreta al Dios del cristianismo, que está fuera de contacto con la vida de la gente y que, por tal razón –sin importar cuánto insista en sus buenas intenciones–, termina invariablemente trabajando en beneficio de las élites. En consecuencia, el diferencial –ya profundo– de poder y riqueza continúa creciendo.

Un último ejemplo de resistencia teológica al poder duro y de las alternativas que crecen a partir de tal resistencia, podemos encontrarlo en las críticas teológicas al fascismo. El recordatorio de Karl Barth acerca de la trascendencia de Dios, que hizo eco en la Declaración de Barmen y en la Iglesia Confesante alemana, debe ser considerado en oposición estricta a una teología que declare a Dios como parte del *statu quo* dominante. El Dios que es "totalmente otro" no puede ser usado para la justificación de los sueños fascistas de predominio y dominio global, sin importar cuán benévolos estos puedan presentarse. A menudo se pasa por alto que el lema fascista no era que Alemania destruiría al mundo, sino que el modo de vida alemán sanaría al mundo ("*am deutschen Wesen soll die Welt genesen*"). El lema se basaba en que los logros alemanes en todas las áreas de la cultura (humanidades, filosofía, ciencias, etc.) estarían en posición de enseñar un modo de vida mejor. ¿Quién puede negar que esta actitud esté operativa en muchas de las manifestaciones contemporáneas de la globalización?

No obstante, la noción de Barth acerca de Dios como lo "totalmente otro" es más que una crítica a los procesos de globalización desde arriba. Dado que lo "totalmente otro" en Barth no es una idea abstracta, sino anclada en la historia de Jesucristo, la alteridad no debe ser simplemente equiparada con una trascendencia sin rostro. La alteridad divina tiene que ver con el camino de Jesucristo en las luchas, sufrimientos y tensiones de la humanidad y el mundo. Ésta es una lección que Barth aprendiera, quizás por primera vez, durante una huelga sindical cuando era pastor de una iglesia en Safenwil, Suiza. Mientras que el sentido común teológico asumía que Dios estaba del lado del *statu quo*, Barth comenzó a entender que Dios –de hecho– tomaba posición, pero la posición de los trabajadores. La historia de Dios en Cristo provee un ejemplo clave de Dios tomando la posición de los desfavorecidos y oprimidos.

Incluso el Barth tardío, a diferencia de sus estudiantes neo-ortodoxos, nunca pudo deshacerse de la percepción de que Dios toma partido no solo a favor de los oprimidos, sino también en contra de los opresores: "Dios siempre toma partido incondicional y apasionadamente de este lado y sólo de este lado: contra los encumbrados y a favor de los desfavorecidos; contra todos lo que ya gozan de derecho y privilegio y a favor de aquellos a quienes se les niega y priva de ellos."⁵ El resultado de tomar esta posición representa un nuevo movimiento encarnado en la iglesia. Desafortunadamente, tales frases están enterradas en la profundidad de los escritos de Barth –de tal modo, que muchos lectores nunca las encontrarán–, por eso no es sorpresa que muchos barthianos ignoren esta dinámica.

Percepciones similares pueden encontrarse en el trabajo de Dietrich Bonhoeffer. Las famosas observaciones de Bonhoeffer acerca de mirar las cosas desde abajo, tienen sentido en este contexto. Hacia el final de su vida, a fines de 1942, desde una celda en una prisión alemana, Bonhoeffer escribía estas palabras: "Queda una experiencia de incomparable valor: hemos aprendido a ver los grandes acontecimientos de la historia del mundo desde abajo, desde la perspectiva de los marginados, los sospechosos, los maltratados, los sin poder, los oprimidos, los insultados, en suma, desde la perspectiva de los que sufren."⁶ En una situación en que la mirada desde arriba,

---

5 Éste ya no es el "pastor rojo de Safenwil," sino el Barth "maduro." Karl Barth, *Church Dogmatics* II/1, ed. G. W. Bromiley y T. F. Torrance, trad. T. H. L. Parker et al. Nueva York: Charles Scribner's Sons, 1957, p. 386. Ver también Karl Barth, *Church Dogmatics* III/4, ed. G. W. Bromiley y T. F. Torrance, trad. A. T. Mackay et al. Edinburgo: T & T Clark, 1961, p. 544, donde Barth declara que el "mandato de Dios" es "un llamado a la defensa del débil contra cualquier tipo de violación por parte del fuerte." El cristianismo, por lo tanto, necesita mantenerse "a la 'izquierda' en oposición a sus vencedores, es decir, confesar que está fundamentalmente del lado de las víctimas." [N.T.: No existe hasta la fecha una versión en castellano de la Dogmática de la Iglesia (*Kirchliche Dogmatik*) de Karl Barth].

6 Dietrich Bonhoeffer, "Der Blick von unten," en *Gesammelte Schriften*, vol. 2, Munich: Chr. Kaiser, 1959, p. 441. [Versión en castellano: Dietrich Bonhoeffer, *Escritos esenciales*. Introd. y ed. de Robert Coles. Trad. Ramón A. Díez Aragón. Santander: Sal Terrae, 2001, p. 150].

desde la perspectiva de los que están en la posición de los poderes globales, se ha tornado tan normalmente aceptada que es ya difícilmente percibida, la mirada desde abajo plantea un desafío fundamental y una alternativa real, de sustento amplio. La lógica desde el lado de abajo de Bonhoeffer, ha sido retomada y desarrollada no solo en los trabajos posteriores de los teólogos latinoamericanos de la liberación, sino también dentro del ambiente teológico de Europa y Estados Unidos.[7]

En muchas líneas de las tradiciones judeocristianas, puede encontrarse a Dios en esta posición inesperada. Por ejemplo, al elegir a un pueblo, Dios no escoge al poderoso imperio de los egipcios, sino a una banda de esclavos bajo tutela egipcia. La elección de Dios se torna visible en la liberación de estos esclavos hebreos. Este tema atraviesa como un hilo común muchas de las tradiciones de la Biblia. En los anuncios de los profetas del Antiguo Testamento, Dios aparece de nuevo tomando partido, no de aquellos en control, sino de aquellos que sufren injusticia y opresión. Los Salmos –con frecuencia espiritualizados en la teología cristiana– recogen la preocupación por la liberación de los oprimidos. Y, por lo demás, ya hemos considerado el menaje de Jesús y de Pablo.

Bonhoeffer partió desde una percepción teológica si-

---

[7] Gustavo Gutiérrez se refiere a Bonhoeffer en *The Power of the Poor*, pp. 222–34. Ver también el trabajo de Ulrich Duchrow en Alemania y otras contribuciones internacionales en Joerg Rieger, ed., *Opting for the Margins: Postmodernity and Liberation in Christian Theology*. Nueva York: Oxford University Press, 2003.

milar. El lado de abajo del cual él habla, no es sólo una parte muy significativa de la experiencia humana ignorada con frecuencia; el lado de abajo es donde Dios opera, y es allí donde la teología necesita encontrar también su lugar. En las palabras de su biógrafo y amigo Eberhard Bethge, Bonhoeffer creía que los teólogos cristianos debían buscar a Dios allí donde Dios ya se nos ha adelantado: en el lado de abajo de la historia.[8] Si la teología no logra mirar allí, perderá totalmente la realidad de Dios.

Debemos tener en mente que tanto Bonhoeffer como Barth no solo ofrecieron visiones críticas de la globalización desde arriba, sino también respaldaron y ayudaron a dar forma a los que deben considerarse movimientos de globalización alternativos. Ambos teólogos estuvieron fuertemente involucrados con la Iglesia Confesante en Alemania, que estaba obligada a operar de manera subterránea por el hecho de intentar ofrecer una alternativa concreta al dominio nazi. Bonhoeffer, finalmente, se unió al movimiento de resistencia contra Hitler. El fracasado intento de la resistencia de asesinar a Hitler le costó a Bonhoeffer la vida. Barth estuvo comprometido con la resistencia a su manera, pero él también entendió la importancia de la lucha de los trabajadores y continuó siendo un socialista toda su vida; hecho importante y a menudo olvidado, in-

---

[8] Ver Eberhard Bethge, *Dietrich Bonhoeffer: Man of Vision, Man of Courage*. Nueva York: Harper & Row, 1970, p. 771. [Versión en castellano: Eberhard Bethge, *Dietrich Bonhoeffer, teólogo, cristiano, hombre actual*. Bilbao: Desclee de Brouwer, 1970].

cluso por aquellos que manifiestan especial interés en su teología. En un contexto donde el capitalismo pretende ser la única opción que resta, estos teólogos nos invitan a pensar y explorar otras alternativas.

Aunque se asuma con frecuencia que la perspectiva desde abajo es una invención reciente de la teología, claramente no es así. El cristianismo ha mantenido tal perspectiva desde el mismo principio, a menudo en situaciones de tensión con los poderes establecidos y, con frecuencia, en profunda conexión con una determinada comprensión de Jesucristo. Desde el principio, por lo tanto, el cristianismo no solo ha estado ligado con formas de globalización de arriba hacia abajo, sino también con formas alternativas.

Capítulo tres
Interludio: Poscolonialismo, binarismos y dualismos

"Poscolonialismo" es un término que ha ganado popularidad en el contexto de los debates sobre globalización e imperio. Este trabajo estaría incompleto sin una corta incursión que considerase este término. Por otra parte, considerar algunos de los problemas clave examinados por la teoría poscolonial, nos ayudará a ubicarnos en la segunda mitad de este libro.

Según uno de los significados del término, el poscolonialismo emerge en medio de la lucha temprana con lo colonial.[1] Esto nos recuerda que nunca se da una situación colonial pura, sin resistencia ni alternativas emergentes. Como hemos observado, el mismo cristianismo nos provee ejemplos de esto. Otra definición entiende a lo poscolonial como aquello que toma lugar luego del fin oficial del colonialismo europeo, que se manifestara en diferentes épocas

---

[1] Éste es el acercamiento propuesto por *The Postcolonial Studies Reader*, ed. Bill Ashcroft, Gareth Griffiths y Helen Tiffin. Londres: Routledge, 1995.

durante los dos siglos pasados y en distintos lugares alrededor del globo. Ambas definiciones comparten el sentido de una constante necesidad de resistencia. La mayoría de los teóricos poscoloniales consideran que aún en situaciones poscoloniales, después del fin oficial del colonialismo, la lucha contra la opresión continúa. Aunque los tiempos coloniales con virreyes y aparatos de gobierno establecidos sobre territorio extranjero hayan quedado en el pasado, en el presente lidiamos con lo que en otro lugar he llamado "el imperio poscolonial," un fenómeno que discutiremos en el próximo capítulo.[2]

La teoría poscolonial y otras teorías afines han enfatizado la complejidad de fenómenos tales como la globalización. Los esquemas dualistas de opresores y oprimidos, de buenos y malos, de ricos y pobres ya no pueden sostenerse; al menos, así se argumenta. Dado que se supone que todos compartimos estas categorías en cierto grado, el pensamiento poscolonial enfatiza la noción de hibridez: todo el mundo es, hasta cierto punto, un híbrido entre opresor y oprimido. Incluso en la clásica tensión entre colonizador y colonizado, ninguno de los lados se mantiene inmune al proceso de colonización. No obstante, debemos añadir aquí que la hibridez es, de manera especial, la realidad de aquellos que se encuentran en la parte de abajo del sistema colonial o poscolonial; son

---

2 Ver Joerg Rieger, *Christ and Empire*, capítulo 7.

Interludio: Poscolonialismo, binarismos y dualismos

ellos quienes están en una posición en la que difícilmente puedan escapar del impacto de los que están en el poder y gozan, generalmente, de mayor flexibilidad.

Para las personas colonizadas esto significa que el mundo colonial los moldea de tal manera que, a simple vista, se tornan cada vez parecidas a los colonizadores. En una situación colonial, los colonizados adoptan –o son forzados a adoptar– algunos de los rasgos de los colonizadores, incluyendo su vestimenta, su lengua, su cultura e, incluso, sus maneras. Pero, una de las percepciones más importantes de la teoría poscolonial es que esto lo hacen con un giro propio. Los colonizados nunca se tornan exactamente igual a los colonizadores. Aunque los imiten, siempre resta una diferencia importante. El término poscolonial "imitación" [*mimicry*], informado por las observaciones filosóficas posestructuralistas, enfatiza la diferencia entre el original y lo imitado. Es en esta diferencia donde se ubica el potencial de subversión y, finalmente, de resistencia.[3]

Por lo general, estas relaciones complejas entre colonizadores y colonizados son contempladas en un contexto de poder duro, donde los colonizadores ejercen un grado de poder substancial sobre los colonizados. En una situación de conquista brutal, los colonizados no tienen más elección que adaptarse si quieren sobrevivir. En una situación

---

[3] Sobre los términos "hibridez" e "imitación," ver: Homi Bhabha, *The Location of Culture*. Londres: Routledge, 1994. [Versión en castellano: Homi Bhabha, *El lugar de la cultura*, trad. César Aira. Buenos Aires: Manantial, 2007].

de colonialismo más moderada, en cambio, pueden gozar de un mayor margen para expresarse y tienen permiso para continuar con algunas de sus propias tradiciones, mientras no impliquen un desafío. (En muchos países africanos, por ejemplo, los misioneros prohibieron el uso de tambores en el culto, pero adoptaron otras expresiones culturales del lugar). ¿Pero qué sucede en un escenario poscolonial? Allí, el multiculturalismo es con frecuencia acogido como un valor positivo, aún por aquellos que buscan mantener el *statu quo*; la gente es animada a conservar sus tradiciones, aunque más no sea, por nostalgia. Además, el hecho de que, por lo general, las sociedades poscoloniales se gobiernen por alguna forma de democracia, parece apuntar hacia una igualdad fundamental entre los distintos grupos.

Existen muchas voces. Incluso hay algunos teóricos del poscolonialismo que sostienen que los dualismos y binarismos absolutos –característicos del colonialismo– han desaparecido en el mundo poscolonial. Estas opiniones celebran las nociones de alteridad y diferencia como si éstas se hubiesen convertido en realidad repentinamente, luego del colapso de los modelos clásicos de globalización de poder duro, tales como la conquista, el colonialismo y el fascismo. Pero esto no es precisamente riguroso. Todavía existen graves diferenciales de poder en el mundo poscolonial y debajo de la común aprobación del multiculturalismo, aunque estos sean menos visibles. La guerra de Estados Unidos contra Iraq, declarada en 2003 por el

Interludio: Poscolonialismo, binarismos y dualismos

presidente Bush, puede haber sido una excepción dado que desató el poder duro ejercido por las fuerzas armadas más poderosas del mundo, pero aún ese esfuerzo no estuvo orientado al establecimiento de una nueva colonia. No se instaló un virrey o un gobernante, ni se estableció un gobierno permanente de Estados Unidos en Iraq. Se consideró suficiente abrir el camino para que las estructuras económicas capitalistas pudiesen tomar el mando, moldear las vidas de los iraquíes y manejar sus reservas de petróleo.[4] En retrospectiva, usar métodos no-militares y estrategias más decididamente poscoloniales para convertir la economía y cultura Iraquíes, ha resultado no solo más efectivo, sino también más rápido.

Los diferenciales de poder que dan forma al mundo de hoy son mucho más difíciles de detectar y se torna más complejo que nunca verlos desde arriba. Aunque aquellos en posiciones de privilegio tradicionales no hubieran sido capaces de comprender la totalidad del horror del poder duro ejercido a través de crucifixiones masivas, acciones militares directas, mutilaciones de cuerpos rebeldes, cámaras de gas y una miríada de formas de tortura, deben al menos haber tenido una leve conciencia de la existencia de esas cosas. En un mundo poscolonial, sin embargo, aquellos que están en posiciones de privilegio carecen con

---

[4] Ver, por ejemplo, el informe de Naomi Klein, *The Shock Doctrine: The Rise of Disaster Capitalism*. Nueva York: Metropolitan Books, 2007, p. 325-82. [Versión en Castellano: Naomi Klein, *La doctrina del shock. El auge del capitalismo del desastre*, trad. Isabel Fuentes García. Buenos Aires: Paidós, 2008.]

frecuencia de una noción básica de las consecuencias de las presiones económicas y la explotación; por ejemplo, de los inmensos números de personas desesperadas, sin trabajo, o de los niños hambrientos, incluso dentro de Estados Unidos. Y quienes van en bancarrota, o mueren por falta de cuidados de salud accesibles y otros servicios de asistencia, por lo general, lo hacen en silencio, de las puertas para adentro. Aún más, los informes sobre desempleo, el hambre, o la falta de cuidados de salud que llegan a los medios, ignoran sistemáticamente las conexiones que existen entre estos problemas y los intereses del imperio poscolonial.

El sentido de mi argumento es que, incluso en una época en la que el poder duro está quedando fuera de moda y el multiculturalismo está siendo ratificado (en Estados Unidos, éste fue uno de los cambios simbólicos que se dio en la transición entre la presidencia de George W. Bush y la de Barack Obama), necesitamos recordar que graves diferenciales de poder continúan existiendo. Ahora, sin embargo, el poder aparece en formas más blandas, expresado en relaciones económicas y culturales, donde a primera vista la línea entre opresores y oprimidos parece haberse tornado borrosa. No obstante, los diferenciales de poder subyacentes no han desaparecido, por el contrario, se han arraigado más profundamente. Nuestro problema se asemeja a lo que sucede en la transición del abuso físico de otros –cónyuges, hijos, y otras personas subordinadas– a

Interludio: Poscolonialismo, binarismos y dualismos

formas más escondidas de abuso basadas en dependencias económicas, culturales, religiosas y psicológicas arraigadas. La razón por la cual las nociones poscoloniales de hibridez, imitación y ambivalencia son hoy importantes, no es porque los dualismos y los binarismos hayan finalmente desaparecido, sino porque la persistencia de diferenciales graves de poder continúa tomando la forma de marcados dualismos y binarismos. Si cincuenta mil personas al día mueren de hambre y otras causas evitables –por encima de las diez mil personas que morían en 1983– ¿no estamos siendo testigos de una situación dualista?[5] Si 225 de los individuos más ricos del mundo poseen tanto como el total de lo que la mitad de la población del mundo gana en un año, ¿no éste otro marcado dualismo? Y si la economía global se recupera luego del derrumbe de 2008 y 2009 sin una recuperación concomitante de los niveles de empleo – se considera que la mitad de los puestos de trabajo perdido en Estados Unidos no se recuperarán–, ¿no apunta esto a un dualismo pronunciado en términos de quién se beneficia de la economía y quién no?

Dado que, como veremos, la economía es un factor tan importante en el imperio poscolonial, la lamentada existencia de graves diferencias económicas necesita ser reconocida también como un factor mayor en la globalización desde arriba. La creciente brecha entre ricos y pobres se

---

5 Ver Kai Nielsen, *Globalization and Justice*. Nueva York: Humanity Books, 2003, pp. 33 y n. 44.

ha transformado en proverbial y difícilmente alguien la discuta. Sin restarle importancia, ni descuidar las diferencias significativas de género, raza y etnicidad, la conciencia de las diferencias sustanciales entre clases económicas en nuestro tiempo nos recuerda que la mera celebración de la alteridad y la diferencia no puede solucionar el problema del modelo de globalización desde arriba.[6]

En otras palabras, los binarismos y los dualismos no desaparecen en los tiempos poscoloniales, más bien, continúan formando el cimiento sobre el que las relaciones se negocian. La hibridez se basa en diferenciales de poder, no en la diferencia en general, y es por causa de estos diferenciales de poder intrínsecos que puede llevar a la resistencia. De igual modo, la imitación es sólo efectiva en situaciones de diferenciales de poder pronunciado: sin diferenciales de poder, la imitación sería un juego más sin dirección ni forma. Finalmente, la noción poscolonial de ambivalencia también necesita ser vista bajo esta luz. La ambivalencia, un recordatorio de que los poderes establecidos nunca son uniformes y sin contradicciones, sólo se transforma en un arma de resistencia en una situación en la cual esos poderes

---

6 Para obtener algunas cifras, ver Joerg Rieger, *La religión del mercado: Una aproximación crítica a la acumulación y la pobreza* (trad. y ed. por Néstor Míguez). Buenos Aires: Ediciones La Aurora, 2016, capítulo 2; este mismo capítulo ofrece una sucinta definición de clase en términos de poder. Tal definición contradice una observación de Peter Singer en *One World: The Ethics of Globalization*, 2da ed. New Haven: Yale University Press, 2004, p. 84 [Versión en castellano: Peter Singer, *Un solo mundo. La ética de la globalización*, trad. Francisco Herreros. Barcelona: Paidós Ibérica, 2003]. Allí Singer afirma que "la desigualdad no es significativa en sí misma. Ésta importa por el impacto que tiene sobre el bienestar."

pugnan por algún tipo de uniformidad y por la borradura de las diferencias locales. De otra manera, sería únicamente un estado de indecisión frustrante y carente de sentido.

Los etnocentrismos que los críticos poscoloniales han desafiado frecuentemente pueden servir como un buen ejemplo. Sin el respaldo de los claros diferenciales de poder de una economía capitalista, incluso el eurocentrismo sería sólo un etnocentrismo más.[7] Del mismo modo, la cultura anglosajona en Estados Unidos tendría que esperar los resultados de los últimos sondeos para enterarse si todavía es significativa. En realidad, el eurocentrismo y el dominio de la cultura anglosajona en Estados Unidos no tienen que estar muy preocupados sobre de su poder mientras continúen beneficiándose de las relaciones económicas capitalistas. Esta percepción sirve también como recordatorio de por qué tantos europeos y anglosajones en Estados Unidos cosechan sólo beneficios limitados al comprar en posiciones etnocéntricas: el capitalismo no provee el mismo tipo de respaldo a europeos y anglosajones que no pertenezcan a las clases gobernantes.

Fredric Jameson ha definido la globalización como "una totalidad no totalizable que intensifica las relaciones binarias entre sus partes; mayormente naciones, pero también regiones y grupos. ... Tales relaciones son, primero y principal, de tensión y antagonismo, cuando no de abso-

---

[7] Esta observación pertenece a Arif Dirlik, citada en Rebecca Todd Peters, *In Search of the Good Life: The Ethics of Globalization*. Nueva York: Continuum, 2004, p. 141.

luta exclusión."[8] Incluso el imperio poscolonial mantiene relaciones binarias y dualismos –entre quienes tienen y quienes no, entre quienes están en posiciones de poder y control desde arriba y quienes poseen formas alternativas de poder, etc.– y mantiene también esfuerzos por producir una totalidad bajo el dominio de aquellos que están a cargo. ¿Qué significado tiene esto para las opiniones alternativas sobre la globalización?

---

8 Fredric Jameson, prefacio a *The Cultures of Globalization*, ed. Fredric Jameson y Masao Miyoshi. Durham, N.C.: Duke University Press, 1998, p. xii.

Capítulo cuatro
Globalización, teología y poder blando

En el primer capítulo, observamos la conexión cercana entre teología, globalización a través del poder duro e imperio. Como hemos visto, los imperios han tomado diferentes formas y talantes, pero tienen en común el esfuerzo por poner todos los aspectos de la vida bajo su control y de dotar de poder a los pocos por encima de los muchos. No obstante, con frecuencia se omite que el poder duro no es la única forma que este control asume. Bob Roberts, un pastor bienintecionado que asume –como el periodista Thomas Friedman– que el "mundo es plano," escribió recientemente que Hitler fue el último líder global que intentara establecer un dominio global y que otros, como Bin Laden, no tendrían éxito.[1] A esta altura de la historia, se-

---

[1] Bob Roberts escribe que Estados Unidos en tiempos de la Guerra de Vietnam, "no logró entender . . . que las guerras podían ganarse por medio de la libre empresa, el pensamiento y el compromiso, más que a través de costosas balas y bombardeos." Más aún: "Todos odian las balas de Estados Unidos pero aman los dólares estadounidenses" (Bob Roberts Jr., *Glocalization: How Followers of Jesus Engage the New Flat World*. Grand Rapids: Zondervan, 2007, p. 18.). Mientras Thomas L. Friedman, nota que lo que opera en este proceso es el poder –no el poder británico, que dominó la era de globalización previa, sino el poder estadounidense– , y se refiere a un proceso de aplastamiento del mundo, por el cual el mundo se une "como una planicie única, integrada." Por tal razón, las referencias sobre primer, segundo o tercer mundo, dan lugar ahora al "mundo

gún cree Roberts, ya no tenemos que preocuparnos por los graves diferenciales de poder porque estamos tratando con una "convergencia global" que une a la gente sin fronteras.

Ésta puede ser una apreciación bastante ingenua sobre la situación actual, pero no es inusual que la gente saque tales conclusiones. En Estados Unidos se asume con frecuencia que, desde la derrota de los británicos en la revolución, los diferenciales de poder han sido aplanados en el país. Lo mismo se asume en Sudáfrica después del apartheid, en Alemania después del nazismo y en los países de Norte América bajo el Tratado de Libre Comercio (NAFTA). En este capítulo, por lo tanto, necesitamos dar una mirada más cercana a cómo la globalización desde arriba puede perpetuarse a través de diversas formas de poder blando y qué papel juega la teología en este contexto.

Si continuamos la trayectoria del primer capítulo, la globalización todavía puede definirse en términos de la expansión de poder de arriba hacia abajo en todos los niveles de la vida, de los crecientes diferenciales de poder, de la supresión de alternativas a todos los niveles, y en términos de una borradura concomitante de la diferencia local (tanto cultural como ecológica). Nuevamente, el objetivo de este tipo de globalización es controlar tanto del mundo y de la realidad como sea posible. Incluso muchos de los resultados esenciales de la globalización continúan siendo

---

rápido" o al "mundo lento." (Thomas L. Friedman, *The Lexus and the Olive Tree: Understanding Globalization*. Nueva York: Anchor Books, 2000, p. 46).

los mismos, dado que nuevamente está creciendo la brecha entre los de arriba y los de abajo y, esta vez, quizás más rápidamente que antes. La globalización desde arriba, sea cual fueren sus credos particulares y sus declaraciones de misión, continúa creando concentraciones de poder y riqueza en manos de unos pocos y en detrimento de una mayoría de personas.

Si bien los ejemplos de globalización en términos de poder blando provienen mayormente de tiempos modernos, existen también ejemplos antiguos. En la teología cristiana, por caso, se ha tornado común que varias generaciones de teólogos hablen acerca de "helenización" como un asunto puramente cultural. En este tipo de consideraciones, el poder parece no jugar un papel muy evidente, mientras el pensamiento del cristianismo primitivo es traspuesto de Palestina al mundo helenístico y sus ideas centrales son remodeladas de acuerdo con categorías helenísticas.

Sin embargo, quienes se refieren en estos términos al proceso de helenización del cristianismo omiten el hecho de que las tradiciones helenísticas no era universales. Eran más bien las tradiciones de las clases altas del Imperio romano. Lo que estaba en juego no eran meramente debates filosóficos o la transposición de ideas entre culturas diferentes, sino el asunto del poder: quién tenía el poder para asimilar a su cosmovisión el cristianismo en ciernes, y quién sería capaz de usarlo para extender sus modelos de globalización. La división aquí no era tanto entre "judíos" y "griegos" en general, sino entre clases altas y bajas. En este contexto, "helenización" significaba suprimir los modos de pensar característicos de las clases bajas en favor de la visión del mundo de las clases altas.[2]

Al apoyarse sobre un claro diferencial de poder respaldado por el Imperio romano, la helenización no necesitó hacer uso del poder duro. Avanzando mediante el poder blando, actuó como si sus presuposiciones fueran universales. Las definiciones de humanidad y divinidad presupuestas por el Concilio de Calcedonia en el año 451, por ejemplo, reflejan este contexto: se confiesa a Cristo como totalmente "humano" y totalmente "divino" de un modo aparentemente genérico, sin necesidad de explicar lo que significa ser humano o divino. Por supuesto, dado que no existe algo como una humanidad o una divinidad genérica, no debe sorprendernos que estas categorías fuesen simplemente moldeadas según los ideales de quienes se encontraban al mando. En consecuencia, las imágenes del teísmo clásico, así como las promovía el Imperio, se impusieron nuevamente con todo su simbolismo de arriba hacia abajo. Esto resultó en la supresión de la alternativa más apropiada

---

2 Según Eduardo Hoornaert, al tratar de perfeccionar el cristianismo por medio de métodos elevados de conocimiento, teólogos como Clemente de Alejandría y Orígenes eliminaron la apreciación que existía en el cristianismo primitivo por el conocimiento de las clases bajas en materia de fe. Ireneo, Justino y Tertuliano, sin embargo, mantuvieron el respeto por el conocimiento de la gente común. Ver Eduardo Hoornaert, *The Memory of the Christian People*. Maryknoll, N.Y.: Orbis Books, 1988, pp. 122–23. [Versión en castellano: Eduardo Hoornaert, *La memoria del pueblo cristiano: una historia de la Iglesia en los tres primeros siglos*, vol. 3, trad. Adolfo Ortiz García. Madrid: Paulinas, 1986.]

para definir la humanidad y la divinidad; una alternativa pensada en los términos de la vida y el ministerio de Jesús, con todo su sustento a modelos de organización de abajo hacia arriba. La globalización desde arriba ganó esta guerra sin derramar una sola gota de sangre.

Nuestro próximo ejemplo de conexión entre la teología y la globalización mediante el poder blando, es Bartolomé de las Casas. Su trabajo demuestra el tipo de ambivalencia subrayado por los teóricos poscoloniales. Aunque rechazara los métodos crueles de la conquista española, Las Casas continuó apoyando los intereses de la corona española en el Nuevo Mundo. Por lo tanto, Las Casas nunca deconstruyó totalmente los diferenciales de poder sobre los que descansaba el modelo desde arriba hacia abajo de la globalización española. De hecho, continuó aplicando los presupuestos de tales diferenciales de poder en su propio acercamiento alternativo a la globalización. Aunque Las Casas hiciera mucho bien –después de todo, fue capaz de desafiar y revertir algunas de las peores consecuencias de la conquista– su aproximación, sin embargo, encabezó las formas blandas de colonialismo encarnadas en la historia colonial europea tardía. Y, aunque abriera el camino para el reconocimiento de la humanidad básica de los indios y su valor sagrado, él nunca renunció a la presunción de que la cultura española fuese superior y más avanzada.

Si bien Las Casas desafió el uso del poder duro contra los indios (aunque no contra otras naciones), no desafió al

Imperio español cuando éste avanzaba a través del poder blando. Su noción del "modo de Cristo" modeló ese poder blando, guiando a los esfuerzos españoles por formar y reformar las vidas y tradiciones de los indios. Como resultado, los indios fueron hechos más maleables a los intereses españoles a través de las demostraciones de amor, cuidado y respaldo de los misioneros. Si bien Cristo no obra por medio de la violencia –Las Casas creía que ese era el error de los conquistadores–, él obra a través de una forma de persuasión que resulta irresistible y que garantiza que el Imperio español triunfe. Las Casas no acariciaba la menor duda de que, si se les daba la libre opción de elegir, los indios apoyarían a España y sus propósitos. La razón de su confianza era el presupuesto profundamente arraigado de la superioridad intrínseca de los cristianos españoles sobre todos los demás, en especial, si ellos encarnaban "el modo de Cristo" que es suave y bondadoso.

En este contexto, la borradura radical de lo local resulta nociva. Las diferencias locales son bienvenidas, siempre y cuando mantengan a la gente feliz y productiva. Las Casas consideró que a ciertas diferencias culturales se les debía permitir prosperar, y que a los indios –aunque trabajasen para los españoles– se les debía permitir permanecer en sus comunidades donde podrían mantener algunos aspectos de su modo tradicional de vida. Lo que era necesario borrar eran aquellas diferencias que entraban en contradicción con los objetivos y los valores de los españoles y, según estimaba Las Casas, tales diferencias eran pocas. Las Casas asumió que los indios estaban menos desarrollados, pero iban en buen camino. Sin embargo, mientras reconocía esas diferencias de los indios y las estudiaba –incluso sus lenguas– él tenía bien claro que cuando hubiese un choque entre la cultura cristiana española y la cultura de los indios, la primera debía prevalecer.

El abordaje de Las Casas se sitúa en el umbral de la modernidad. Como Enrique Dussel y otros pensadores latinoamericanos lo han señalado, la conquista española y sus consecuencias están profundamente relacionadas con el inicio de la modernidad en Europa. La Europa moderna se desarrolló en relación con sus otros coloniales, más que de acuerdo con su grandeza, como comúnmente se asume. Más allá de esta observación básica, tal interpretación también se sustenta en el hecho poco conocido de que Las Casas se convirtiese en uno de los héroes del colonialismo noreuropeo, un colonialismo que se ufanaba de sus modos más ilustrados y rechazaba los métodos de la conquista española que ya se percibían como bárbaros e innecesariamente violentos.

Friedrich Schleiermacher, el padre de la teología moderna del siglo diecinueve, escribiendo en Prusia, también promovía una forma de poder blando que el percibía como superior al poder duro. Él observaba que Cristo ejemplifica este tipo de poder, ya que obra no por coerción, sino por atracción. Tal interpretación teológica preparó el camino para un modelo aún más refinado de globalización a través del poder blando. Schleiermacher creía firmemente que esas fuerzas de atracción producirían resultados en todas las áreas no solo religiosas, sino también culturales, políticas y económicas porque daba por sentado que las culturas superiores (como las cristianas) resultaban irresistibles para aquellas culturas que él consideraba inferiores. Él estaba convencido de que el mundo ya debería haber estado totalmente cristianizado en su tiempo si no hubiera sido porque los misioneros trabajaban aplicando la fuerza y la coerción, hecho que volvía a los pueblos en su contra.

La obra de Schleiermacher necesita ser considerada dentro del contexto del colonialismo europeo. Aunque en el tiempo en el que Schleiermacher escribía –en las tempranas décadas del siglo diecinueve– Prusia no tuviera colonias, los países de habla alemana eran consumidos por lo que se ha dado en llamar una "fantasía colonial." Los alemanes rechazaban no solo la violencia y fuerza de la conquista española, sino también los modelos de colonialismo holandeses y británicos considerando frío al primero y codicioso al segundo. La fantasía colonial alemana estaba ligada a la idea de educación: los alemanes compartirían su conocimiento y percepción con otros, elevándolos a su nivel de educación y civilización. El modelo de educación allí promovido debe verse como el ejemplo paradigmático de poder blando: amable, pero firmemente arraigado en nociones de superioridad cultural. Sin lugar a dudas, quienes promovían tal proceso no lo percibían en términos de poder, pero existía, de todos modos, un diferencial de poder presupuesto entre los alemanes y los otros. Ese diferencial proveía la dinámica para que tal relación funcionase.

Según Schleiermacher, el éxito del cristianismo –como el éxito del futuro colonialismo alemán– descansaba en su poder fascinante. Al presuponer una superioridad integrada, tal poder no necesita ser defendido ansiosamente. La aproximación de Schleiermacher a los milagros expresa el espíritu general de su obra: "Aunque no se pueda probar de manera estricta que el poder de la Iglesia para obrar milagros se haya extinguido … es aún innegable de manera general que, en vistas de la gran ventaja en cuanto poder y civilización que los pueblos cristianos poseen por encima de los no cristianos … los predicadores de hoy no necesitan tales señales."[3] El cristianismo y la civilización alemana ya no necesitaban depender de milagros divinos porque eran la encarnación del milagro divino: su poder y civilización personificaban el poder divino sobre la tierra.

Schleiermacher ejemplifica lo que Edward Said ha llamado "orientalismo" y Walter Mignolo "occidentalismo": Europa desarrolla su propia autocomprensión y el sentido de su propio valor distinguiéndose de otros.[4] Los otros de Oriente Medio (orientales) o de América Latina (occiden-

---

3 Friedrich Schleiermacher, *The Christian Faith*, ed. H. R. Mackintosh y J. S. Stewart. Edinburgh: T & T Clark, 1986, p. 450. [Versión en castellano: Friedrich Schleiermacher, *La fe Cristiana*, trad. Constantino Ruiz-Garrido. Salamanca: Sígueme, 2013.]

4 Edward Said. *Orientalism*. Nueva York: Pantheon Books, 1978; Walter Mignolo. *Lo-*

tales) se convierten en el contraste para la autocomprensión del ser europeo. En ese proceso, las imágenes e ideas sobre otros ayudan a apuntalar al ser europeo, mientras los otros son estereotipados y romantizados. Con frecuencia, estas transformaciones ocurren sin violencia directa ni uso de poder duro, dado que el ser europeo está convencido de que tiene en mente lo que es mejor para los demás. Sin embargo, el flujo del poder es claro: el orientalismo y el occidentalismo funcionan sobre la base de un significativo diferencial de poder.

El imperio poscolonial –a primera vista, una contradicción en términos– se basa en esas formas más ilustradas de colonialismo, y en orientalismos y occidentalismos persistentes. Mientras que el mundo colonial –con sus estructuras de poder establecidas desde arriba y encarnado por gobiernos coloniales y ejércitos permanentes– llega a su fin, los diferenciales de poder se mantienen de distintas maneras. Los modelos poscoloniales de globalización parecen haberse tomado a pecho la percepción de Adam Smith de que el colonialismo era demasiado engorroso, su opresiva superestructura demasiado costosa y, por lo tanto, no tan rentable para los colonizadores. La globalización en tiempos poscoloniales parece haber aprendido algunas

---

cal Histories, Global Design: Coloniality, Subaltern Knowledges, and Border Thinking. Princeton, N.J.: Princeton University Press, 2000. [Versiones en castellano: Edward W. Said, *Orientalismo*, trad. Ma. Luisa Fuentes. Madrid: Libertarias, 1990; Walter Mignolo, *Historias locales/diseños globales. Colonialidad, conocimientos subalternos y pensamiento fronterizo*, trad. Juanmari Madariaga y Cristina Vega Solís. Madrid: Akal, 2003.]

lecciones de Las Casas y Schleiermacher, en particular que, en una situación de pronunciado poder diferencial, la dominación y el control global pueden lograrse más efectivamente a través del poder blando que del poder duro.

En un contexto de claros diferenciales globales, la teología tiende a afiliarse a procesos dominantes de globalización y a los procesos culturales, mayormente económicos, sobre los que aquellos se afianzan. El llamado "evangelio de la prosperidad," por ejemplo, anuncia que toda persona que busque seguir a Jesús y se comprometa con la disciplina de las iglesias que promueven la prosperidad será recompensada con grandes riquezas. Las raíces de este enfoque son profundas, por lo tanto, el evangelio de la prosperidad no puede ser descartado como una mera moda pasajera. Identificar a Dios con las posiciones superiores del espectro de las riquezas y el poder es también común en las iglesias históricas tradicionales. Dada la prevalencia dominante de este modelo de arriba hacia abajo en la religión, de modo paralelo a lo que sucede en la economía y la política, ésta es la posición por defecto de toda teología que no vincula sus imágenes de Dios con "los más pequeños" (Mt 25:40).

Este principio que ubica a Dios en lo más alto está presente, incluso, en muchas de las teologías que defienden el respaldo de quienes pasan necesidad. Por ejemplo, los modelos de caridad promovido por iglesias locales asumen, con frecuencia, que ayudar a los otros es "levantarlos" para que se vuelvan económica y culturalmente más semejantes a los miembros de la iglesia. Incluso los proyectos de apoyo y organización comunitaria funcionan muchas veces de este modo, especialmente, cuando buscan asegurar que otros reciban su propia rebanada de pastel y, de esa manera, respalden los métodos por medio de los cuales ese pastel se cocina. A nivel global, la noción de desarrollo es la que impulsa, con frecuencia, la idea de que Dios se ubica en lo más alto junto a los más desarrollados. Como lo señalara al leer este pasaje mi asistente de investigación, Kevin Minister, esto se observa no solo a nivel económico, sino también eclesial cuando se asume que los movimientos misioneros deben fluir desde Estados Unidos hacia el tercer mundo, lo que sucede tanto en misiones liberales como en conservadoras. La tarea acordada en todos estos modelos es, por lo tanto, "levantar" a los otros a niveles superiores definidos por quienes consideran estar en lo más alto. Los modelos de globalización asociados a estas ideas promueven la borradura de las diferencias locales y la supresión de alternativas concretas.

Una versión del evangelio de la prosperidad, levemente menos eclesiocéntrica, sería la confianza económica en que una marea en alza levanta todos los botes. Esta confianza es la que ayuda a la gente a resistir las recesiones y depresiones económicas, aun cuando haya cada vez menos evidencia de que la mayoría de los botes sean levantados por la marea alta de la economía capitalista de libre mercado, así como ha evolucionado en nuestro tiempo. El poder blando, encarnado por el mercado, demanda una fe muy grande que a veces evoca el tipo de fe ilusoria que algunas formas de religión promueven. Aun así, la globalización económica continúa demandando la desregularización política en base a esta fe, dado que supone que el libre mercado debe ser el regulador final a través de su "mano invisible" (Adam Smith).[5]

Las posiciones teológicas que apoyan tal fe cubren todo el espectro. No son sólo los liberales quienes comparten tal optimismo, los conservadores parecen ser usualmente aún más optimistas acerca del poder del libre mercado. El Opus Dei, una organización católica romana conservadora, combina teología y moralidad extremadamente conservadoras con una actitud de bienvenida al capitalismo, de tal manera que opera dos de las más prestigiosas escuelas de negocios de España.[6] Al mismo tiempo, como veremos en el próximo capítulo, también existe una resistencia creciente que puede encontrarse en muchas áreas de este espectro. Las guerras culturales entre liberales y conservadores en Estado Unidos no son, en este contexto, tan importantes como frecuentemente se asume: quienes han enfatizado

---

[5] Ver las interpretaciones de Adam Smith y la referencia a su crítica del colonialismo en Joerg Rieger, *La religión del mercado: Una aproximación crítica a la acumulación y la pobreza* (trad. y ed. por Néstor Míguez). Buenos Aires: Ediciones La Aurora, 2016.

[6] Esta referencia aparece en: *Many Globalizations: Cultural Diversity in the Contemporary World*, ed. Peter L. Berger y Samuel P. Huntington. Nueva York: Oxford University Press, 2002, p. 12.

el carácter conservador del cristianismo en el sur global, tienden a pasar por alto que, si bien muchos cristianos del sur pueden estar muy interesados en la Biblia, la leen de manera diferente y los temas tienden a ser distintos.[7]

Respaldada por una fe religiosa que apoya la globalización del capital, la economía asume un rol especial conduciendo, sin que se note, la globalización desde arriba. Aquí reside un tipo particular de poder de arriba hacia abajo porque, aunque el imperio poscolonial tienda a suscribir nociones de democracia política, la democracia no es una virtud que se promueva a nivel económico.[8] La importancia de la economía apoyada por la religión es crucial para entender la naturaleza del imperio poscolonial. El ámbito económico es ahora más global que el ámbito de lo político, esto lo demuestra mejor que nada la depresión económica más reciente que ha alcanzado nuevas dimensiones

---

[7] Ver Philip Jenkins, *The New Faces of Christianity: Believing the Bible in the Global South*, Nueva York: Oxford University Press, 2006. Aquí, Jenkins parece extender las guerras culturales norteamericanas a esta situación al asemejar el gran interés por la Biblia de los cristianos del sur con el de los cristianos conservadores del norte, en contraste con posiciones más liberales. Aunque el autor exprese la advertencia de que estos términos no se aplican directamente (p. 12), toda la discusión en el libro es enmarcada en términos de las guerras culturales cuando afirma que las lecturas liberales del sur provocarían "horror" a los estadounidenses y europeos liberales, y deleitarían a los conservadores (p. 2). El problema central es que Jenkins no tiene siempre muy claro que los temas que preocupan son diferentes: los cristianos globales del sur no siempre leen como conservadores globales del norte, y las lecturas literales del sur incluyen las preocupaciones de la teología de la liberación más que los intereses estrechos del evangelio de la prosperidad.

[8] Ver también Rebecca Todd Peters, *In Search of the Good Life: The Ethics of Globalization*. Nueva York: Continuum, 2004, p. 23. Ella observa: "Con el aumento del poder corporativo ... y el poder financiero ... los logros democráticos que acompañaron a la modernidad se están desvaneciendo." Este comentario percibe el desafío fundamental, pero puede que sea demasiado optimista acerca de la democracia moderna.

globales. El tipo de poder blando que marca esta situación, opera con frecuencia bajo la superficie y es mantenido por amplios diferenciales de rango económico. Sólo se puede asumir que el mundo es plano (Thomas Friedman) desde una posición de poder en la cima del mundo económico que carece de una conciencia plena de su propio poder. De igual manera, la pregunta que surgiera después de los ataques terroristas del 11 de septiembre de 2001 –"¿por qué nos odian de ese modo?"–, proviene generalmente de quienes están en lo más alto y no tienen conciencia de estar allí. Sin embargo, quienes miran a Estados Unidos desde atrás de la valla que se levanta en sus fronteras del sur, tienen una perspectiva muy diferente. Incluso si logran cruzar la valla, a riesgo de su propia vida, el mundo no se torna más plano para ellos.

El principio de que el mundo es plano no es sólo elemental para una forma de globalización desde arriba que procede por medio de poder blando, es también algo defendido por muchas teologías.[9] Por ejemplo, quienes hablan acerca de "misioneros en reversa" asumen esto como si fuese algo simple y claro: los cristianos de África suelen inspirarnos y estimularnos con su música vivaz y sus vestimentas coloridas, los cristianos de Asia nos asombran por su profunda espiritualidad, y así sucesivamente. La gente

---

9 El enfoque de Friedman es tomado como idea clave en el libro *Globalizing Theology: Belief and Practice in an Era of World Christianity*, ed. Craig Ott y Harold A. Netland. Grand Rapids: Baker Academic, 2006. Ver especialmente la introducción de Netland.

en Estados Unidos y en Europa habla con frecuencia sobre lo "enriquecedores" que son estos encuentros para ellos, expresando así el flujo de poder subyacente: *ellos nos* proveen un servicio. En tal clima, las diferencias locales son más aceptadas ahora que en el pasado, siempre y cuando no desafíen a los poderes establecidos. Una cosa es agregar color y riqueza, otra es presentar un desafío que no calce en la idea de que el mundo es plano. En este contexto, la conciencia y apreciación de las diferencias locales son útiles a los intereses dominantes, por ejemplo, facilitando la expansión de la economía de mercado en nuevos territorios e inspirando a la industria publicitaria.

En el proceso, las diferencias locales son usualmente reducidas a temas de folclore y estilo que no desafían al sistema. Así, hablar de "inculturación" –incluyendo la del evangelio– en los lugares lejanos del campo de misión, no implica generalmente un desafío a las versiones del evangelio en el origen de la misión. Como resultado, ese proceso no afecta al poder de arriba hacia abajo. Desde este ángulo, sin embargo, la globalización parecería estar evolucionando: aunque continúe tratándose de una expansión global, ya no se trata de la borradura de la diferencia, siempre y cuando la diferencia continúe siendo trivial. Hay aquí un paralelo a ciertas formas posmodernas de apreciación de la alteridad y la diferencia que, con frecuencia, terminan siendo diferencias de gustos que no representan un desafío para nadie. En consecuencia, el poder de arriba hacia abajo no solo permanece sin ser desafiado, sino que es fortalecido y autorizado a extender su control a regiones del globo cada vez más remotas.

Capítulo cinco
Globalización y teologías que proveen alternativas al poder blando

El Imperio británico se consideraba a sí mismo como civilizado: no promovía fuerza ni violencia desmedidas, sino relaciones comerciales y tratados políticos. Por muy largo tiempo, los británicos estuvieron presentes en lugares como India a través de puestos comerciales que finalmente se convirtieron en la Compañía Británica de las Indias Orientales. Fue sólo a mediados del siglo diecinueve que tomaron el control político de India, luego de la insurrección de alcance nacional que conocemos como la primera guerra de independencia de India. Más allá de unas pocas máculas, como su participación en el mercado transatlántico de esclavos, los británicos podrían haberse considerado parte activa en la empresa del mejoramiento de la humanidad.

No obstante, allí operaban diferenciales claros de poder con relaciones de arriba hacia abajo establecidas en todos los niveles. Quienes quisieran ascender en la escala en Inglaterra, pero fueran de nacimiento menos encumbrado, generalmente probaban suerte primero en las colonias. Esto incluía tanto a gente de negocios como a académicos, pero también la religión era parte de ese flujo de poder desde arriba. En tal contexto, el enfoque alternativo propuesto por John Wesley, teólogo del siglo dieciocho y fundador del metodismo, fue más que inesperado. Según Wesley, "la religión no debe ir de lo más a lo menos grande, o podría parecer que el poder proviene de los hombres."[1] La primera cosa a notar aquí, es que Wesley percibió que existe un flujo de poder en la religión –algo que difícilmente se le ocurriría a muchos teólogos y gente de iglesia incluso hoy. Ese flujo de poder en la religión es paralelo al flujo de poder presente en los procesos de globalización desde arriba, incluso cuando estos procedan más a través del poder blando que del poder duro.

Lo que diferenció a Wesley de la teología de su tiempo fue que él llegó a comprender que, de hecho, la religión podía funcionar de un modo contrario; es decir, no de arriba hacia abajo, sino de abajo hacia arriba. Esto no fue sólo una idea radical de una gran mente, en realidad, estaba conectado a la emergencia de un movimiento

---

[1] *The Works of the Rev. John Wesley*, 3rd ed., ed. Thomas Jackson. Londres: Wesleyan Methodist Book Room, 1872; reimpreso por Peabody, Mass.: Hendrickson, 1986, 3:178.

religioso alternativo de promisión global: el metodismo temprano, cuya dinámica dependía de su relación con la gente común y miembros de la clase trabajadora, quienes se convertirían en líderes de su propio movimiento y comenzarían a labrar su propio destino. Tal es el sentido profundo de la ya gastada noción acerca de Wesley como un "teólogo del pueblo." El hecho de que Wesley pudiese traducir conceptos teológicos para la gente común, sin duda contribuyó al movimiento, pero lo más interesante es cómo esta conexión con la gente común le dio forma a la propia teología de Wesley, y cómo las formas particulares de metodismo –que fluyen de aquella forma alternativa de globalización– están ligadas a esa dinámica de abajo hacia arriba.

En medio de los modos dominantes de globalización de su tiempo, que iban "de lo más a lo menos grande," de las relaciones comerciales del Imperio británico con las colonias y los capitanes de la industria emergente a los pisos de las fábricas (donde los trabajadores ya no eran siervos no remunerados sino empleados pagos), Wesley identificó un proceso diferente. Si lo divino no se encontrase primeramente en la parte de arriba, sino en la parte de abajo del mundo, la teología se movería, de hecho, de "lo menos a lo más grande," de abajo hacia arriba. Este movimiento puede verse en la obra de Wesley cuando designa como predicadores a gente trabajadora sin educación e incluye a las mujeres, pero también se puede observar en su teología.

Para tomar un motivo común que estuvo siempre presente bajo la superficie en el trabajo de toda su vida, podemos observar que el Wesley tardío incorporó las "obras de misericordia" a la lista anglicana clásica de los medios de la gracia (oración, estudio bíblico, comunión). Involucrar a aquellos que estaban en los lugares inferiores de la sociedad, se torna entonces en un "canal" de la gracia de Dios, una manera en la cual Dios compromete a la iglesia y la transforma.[2] Encontrar lo divino abajo, con aquellos que pasan necesidad, reconstruye la vida de fe de abajo hacia arriba. Este movimiento que es característico de la gracia de Dios en muchas de tradiciones judeocristianas, se traduce en un proceso alternativo de globalización que podría ser descripto como "globalización desde abajo."

Las diferentes teologías de liberación que han surgido en los últimos cuarenta años pueden considerarse también como proveedoras de alternativas a las formas de globalización blandas desde arriba. La teología negra y la teología feminista en Estados Unidos, por ejemplo, surgieron en un tiempo cuando las formas más duras de opresión ya habían sido superadas: la esclavitud había sido abolida un siglo antes en Europa y Estados Unidos, y los afroamericanos en Estados Unidos ya habían alcanzado

---

2 Para una interpretación de la insistencia de Wesley sobre el hecho de que las obras de misericordia son medios de gracia, y acerca de las extraordinarias consecuencias de esto sobre el cristianismo y el metodismo, ver Joerg Rieger, *Grace under Pressure: Negotiating the Heart of the Methodist Traditions*. Nashville: United Methodist General Board of Higher Education and Ministry, 2011.

cierta independencia y el derecho al voto. Sin embargo, la presión sobre los afroamericanos y las mujeres era aún muy concreta y sistémica. La lucha contra las leyes Jim Crow[3*] y a favor de una mayor igualdad para las mujeres tuvo que enfrentar formas más blandas de poder que la lucha contra la esclavitud, y esas batallas continúan hoy contra formas todavía más blandas. Estas formas de poder encuentran ahora expresión en modos que son generalmente más difíciles de percibir como los salarios más bajos, los prejuicios escondidos que dificultan la obtención de empleos o el tratamiento justo ante la ley e, incluso, un cierto romanticismo que busca darle forma a otras personas de acuerdo con nuestras fantasías. Los varones, por ejemplo, tienden a romantizar a las mujeres cuando intentan hacer que ellas se ajusten a las imágenes masculinas sobre la belleza y la femineidad. Estos problemas se acentúan a causa de los diferenciales de poder subyacentes que toman, con frecuencia, forma económica.

La historia de la teología de la liberación latinoamericana proporciona otro ejemplo de resistencia teológica frente al poder blando de la globalización. Muchos de los malentendidos sobre tal teología tienen que ver con una incapacidad de comprender que ésta surgió de un proceso de resistencia autoconsciente al poder

---

[3*] NT: Las leyes de Jim Crow fueron una serie de leyes estatales y locales promulgadas en Estados Unidos a partir de 1876 y vigentes hasta 1965. Patrocinaban la segregación racial en todas las instalaciones públicas y la privación de derechos civiles a los estadounidenses negros y a otros grupos étnicos no blancos.

blando. En las décadas de los años 1950 y 1960, el modelo dominante en las Américas y otros "países del tercer mundo" era el desarrollismo. Ese era un tiempo de poder blando, cuando los "países del primer mundo" anunciaban sus intenciones de ayudar al "tercer mundo" a través de proyectos desarrollistas. En ese contexto, la diferencia entre dos escenarios se comprendía en términos de desarrollo. El razonamiento era: los países más desarrollados deben apoyar a los menos desarrollados para que estos también puedan ingresar a un proceso de desarrollo. Es más, este enfoque básico fue respaldado por las "teologías del desarrollo."

Aunque el enfoque desarrollista fuera bienintencionado, contenía todos los elementos de la globalización desde arriba a través del poder blando. El lenguaje del desarrollo se prestaba a la idea de que los países subdesarrollados sólo necesitaban alcanzar a los desarrollados. Las causas de lo que se percibía como subdesarrollo no eran consideradas importantes por esos proyectos, aunque un cierto entendimiento de inferioridad era siempre parte de la terminología: los pueblos eran subdesarrollados por una falta de inteligencia, diligencia o carácter, o eran subdesarrollados a causa de un tipo de retraso y falta de educación. Se suponía que la transferencia de conocimiento, tecnología, industria, capital y todas las virtudes que parecían hacer superiores a los países desarrollados debía solucionar esos problemas. El favor de

Globalización y teologías que proveen alternativas al poder blando

Dios, que había bendecido a los países desarrollados, podía ahora ser transferido a través de proyectos de desarrollo –al menos, así parecía.

La teología de la liberación, al comenzar a desafiar este punto de vista, hizo una contribución crucial en esa situación. Así como los teólogos Gustavo Gutiérrez, Hugo Assmann y otros lo señalaran, el problema no era el desarrollo y el subdesarrollo como tales. El problema tenía que ver con la relación que permitía que ciertos países persiguiesen su desarrollo a costas de otros que, en contrapartida, no solo eran dejados atrás, sino activamente subdesarrollados. Estos teólogos llegaron a comprender que la diferencia entre "primer mundo" y "tercer mundo" tenía que ver con un diferencial de poder que permitía a un mundo explotar a otros en pos de sus propios fines. La historia respalda esta interpretación: durante siglos, los recursos extraídos de América Latina y otras partes del mundo financiaron el desarrollo europeo. Más aún, millones de personas que podrían haber estado en posición de contribuir a favor de sus propios países y hacer historia, fueron impedidas de hacerlo a través del sometimiento y la esclavitud trabajando forzadamente para el beneficio de grupos dominantes, en los países dominantes. Numerosas culturas avanzadas y sus fuentes de conocimiento fueron simplemente destruidas en el proceso.

Aunque las llamadas teorías de la dependencia, que informaban a algunas teologías de la liberación, eran con frecuencia muy amplias y en cierto modo simplistas, proveyeron, sin embargo, percepciones importantes a distintos niveles tanto político como económico, cultural y teológico. En ese contexto, las imágenes de Dios que habían sostenido los procesos globalizadores de arriba hacia debajo de Europa y Estados Unidos fueron cuestionadas. ¿Cómo podía la gente común de América Latina confiar en un Dios que obraba para el provecho de otros y contribuía así a su propia desventaja? El Dios de los patrones y el Dios del pueblo ya no podía ser considerado el mismo Dios. Estas percepciones llevaron finalmente a un entendimiento más profundo de algunos aspectos que no eran detectados con suficiente claridad por los teóricos de la dependencia.

El problema con las teorías de la dependencia era que no lograban comprender las vastas implicancias del poder blando de la globalización como, por ejemplo, que algunas divisiones entre el norte y el sur los atraviesan a ambos. No todos los europeos o norteamericanos se beneficiaban con el arreglo económico que mantenía la dependencia de los ricos por parte de los pobres; a su vez, algunos sudamericanos y africanos poderosos se beneficiaban grandemente. En tal contexto, la teología de la liberación necesitó prestar mayor atención a las economías y las divisiones de estructuras de clase dentro de diferentes escenarios; desafío continuo que recién ahora está siendo considerado más ampliamente.⁴

Las alternativas que surgen aquí son concretas y van a lo profundo. Es por tal razón que las teologías de la liberación han sido sujetas a críticas rabiosas –linderas con la persecución– como pocas otras teologías lo han sido en tiempos modernos. En la década de 1980 la administración Reagan declaró a la teología de la liberación latinoamericana como una amenaza, dentro del hemisferio, para los intereses de Estados Unidos y abrió las puertas a una caza de brujas.⁵ A mediados de la década de 1980, varios teólogos latinoamericanos fueron llamados a comparecer frente a juicios por herejía que comenzaron con el silenciamiento de Leonardo Boff por parte del Vaticano; tan tardíamente como el año 2007, el Vaticano censuró todavía varios escritos de Juan Luis Segundo.

Lo que distingue a las teologías de la liberación –sean latinoamericanas u otras– de la mayoría de las teologías tradicionales, es que están ligadas a movimientos de liberación y, por lo tanto, a masas de personas que luchan por una vida mejor. Sin embargo, la reflexión teológica está ligada a esas luchas de una manera autocrítica. El punto no es sumergirse en cualquiera de los bandos, sino

---
4 Para una perspectiva latinoamericana ver, por ejemplo, el trabajo de Jung Mo Sung; para una perspectiva desde Estados Unidos y Europa, ver Joerg Rieger, *La religión del mercado: Una aproximación crítica a la acumulación y la pobreza* (trad. y ed. por Néstor Míguez). Buenos Aires: Ediciones La Aurora, 2016.

5 The Committee of Santa Fe, *A New Inter-American Policy for the Eighties*. Washington, D.C.: Council for Inter-American Security, 1980.

investigar las visiones alternativas de Dios y del mundo que emergen allí. En una situación donde las alternativas concretas son pocas y reprimidas tanto intencional como no intencionalmente, éste es el único modo de desarrollar un enfoque distinto.

Las teologías de la liberación, en sincronización con muchas de las tradiciones judeocristianas, encuentran a Dios en los márgenes, allí donde la divinidad lucha junto al pueblo por su liberación y una vida mejor. El empuje globalizador que emerge de esta observación se mueve de abajo hacia arriba, y no de arriba hacia abajo. Esa es una de las diferencias más fundamentales que mantiene con la teología del desarrollo, la teología contemporánea de la prosperidad y gran parte de las teologías tradicionales actuales; en éstas, el empuje globalizador se mueve desde arriba hacia abajo de diferentes maneras. Aunque todos estos enfoques incluyan la esperanza por un bienestar material, la diferencia es absolutamente crucial. Philip Jenkins tiene razón cuando dice que separar el bienestar espiritual del material es un lujo para los ricos del norte. Sin embargo, está equivocado cuando sostiene que "el evangelio de la prosperidad es un derivado inevitable de una iglesia que contiene a muchos de los más pobres."[6] La teología de la liberación continúa proporcionando alternativas concretas desde abajo.

---

6 Philip Jenkins, *The New Faces of Christianity*, p. 94.

De aquí surgen dos preguntas: ¿Cuáles de estos movimientos contribuyen realmente al bienestar del pueblo? y, ¿cuáles son más cercanos al corazón de las tradiciones judeocristianas? Si la globalización desde arriba continúa ampliando la brecha entre ricos y pobres, y si las políticas de desarrollo terminan siendo un buen negocio para los desarrolladores en detrimento de aquellos a los que –se supone– deben estar "desarrollando," se hace difícil ver cómo la teología del desarrollo o el evangelio de la prosperidad –que celebra a ricos y poderosos– pueden hacer una verdadera diferencia en las vidas de la multitud.[7] Los movimientos de globalización de abajo hacia arriba parecen tener, sin embargo, mejor trayectoria. Cuando los trabajadores se unen a los sindicatos, no solo sus salarios y beneficios aumentan; en áreas donde los sindicatos son fuertes, incluso los trabajadores no sindicalizados se benefician. Cuando los campesinos latinoamericanos se organizan, con frecuencia tienen la posibilidad de imponerse en sus territorios ancestrales; a veces, como el "movimiento de los sin tierra" en Brasil han demostrado, pueden incluso volver a establecerse en tierras no utilizadas. En este contexto, las coaliciones emergentes entre trabajadores y religión hacen una diferencia aún no totalmente reconocida: cuando los cristianos comienzan

---

7 El término *multitud* ha sido desarrollado en: Michael Hardt y Antonio Negri, *Multitude: War and Democracy in the Age of Empire*. Nueva York: Penguin Press, 2004. [Versión en castellano: Michael Hardt y Antonio Negri, *Multitud: guerra y democracia en la era del imperio*, trad. J. A. Bravo. Barcelona: Debate. 2004.]

a tomar partido por su prójimo oprimido –como lo hizo Jesús– se progresa en todos los sentidos. La presión de la globalización desde arriba se alivia, crece el entusiasmo por las tradiciones fundamentales de la fe cristiana y no es raro que en este contexto se den conversiones.

Estas reflexiones nos acercan a los desarrollos teológicos contemporáneos. Mientras la globalización desde arriba continúa, mayormente a través del poder blando, los procesos alternativos desde abajo cobran impulso. Algunas de sus experiencias y percepciones adquieren un paralelo en los desarrollos teológicos. Se estima que el número de los movimientos alternativos que trabajan en contra de la globalización desde arriba llega a millones.[8] Cuando se los junta, representan el movimiento más grande de la historia. Desafortunadamente, la mayor parte de lo que está sucediendo pasa sin ser reflejado por los medios masivos de comunicación, cuyos informes sobre los movimientos alternativos generalmente se enfocan en una pequeña minoría que comete actos violentos. Sin embargo, lo que está realmente en marcha es un movimiento alternativo constructivo, que ha desarrollado maneras constructivas de usar algunas de las herramientas de la globalización dominante de modo diferente. La internet, por ejemplo, se ha transformado en una herramienta útil para organizar

---

8 Ver Paul Hawken, *Blessed Unrest: How the Largest Social Movement in History Is Restoring Grace, Justice, and Beauty to the World*. Nueva York: Penguin Books, 2007, p. 2; en el apéndice, de más de cien páginas, de este trabajo se pueden encontrar cifras y descripciones.

desde abajo, del mismo modo que la tecnología de los teléfonos móviles con sus sistemas de mensajes y sus otras posibilidades de comunicación instantánea.

Estos movimientos incluyen un amplio espectro de grupos, desde el movimiento ya mencionado de los sin tierra en Brasil –en el que pueblos desplazados se asientan en tierras no cultivadas para trabajarla como modo de subsistencia– hasta grupos más exóticos como el de la "agricultura de guerrilla" en Europa y Estados Unidos –en el cual la gente cultiva huertas y jardines en lugares inusuales tales como estacionamientos, campos de golf o terrenos baldíos. En ambos casos, se busca llamar la atención hacia el hecho de que la globalización impulsada por el capitalismo está conectada profundamente a la absorción corporativa de tierras comunales.[9] Otro ejemplo de movimiento emergente es el crecimiento actual de las coaliciones entre religión y trabajadores en Estados Unidos, que se remontan a una historia de siglos generalmente olvidada.[10] Estos grupos abordan problemas creados por la globalización desde arriba, como las injusticias y desigualdades económicas, mientras muchos se preocupan

---

9 Muchas de estas historias están registradas en el libro *We Are Everywhere: The Irresistible Rise of Global Anticapitalism*, ed. Notes from Nowhere. Londres: Verso, 2003. En el prefacio, Naomi Klein escribe: "Este libro no es solo acerca de los movimientos; es genuinamente de esos movimientos en la mejor manera posible."

10 Ver, por ejemplo, el trabajo de las organizaciones *Interfaith Worker Justice* [Justicia Laboral Interreligiosa] y *Jobs with Justice* [Empleos con Justicia]. Se puede encontrar una importante cantidad de información en sus sitios de internet: <www.iwj.org> y <www.jwj.org>.

incluso por problemas asociados como el calentamiento global. En Estados Unidos, muchos cristianos evangélicos han tomado conciencia recientemente sobre los problemas del medio ambiente y muchos otros alrededor del mundo, cuyas comunidades están directamente afectadas, tienen conocimiento de los profundos problemas económicos que la injusticia crea. Fenómenos tales como el racismo ambiental y otras injusticias ecológicas ponen el peso de manera desproporcionada sobre las comunidades que menos se benefician de la globalización desde arriba.

Las iglesias tampoco están desconectadas de estos sucesos, lo que muestra que la religión no puede ser limitada nunca al *statu quo*. Cristianos y no cristianos son vistos con frecuencia trabajando de la mano en movimientos alternativos. No obstante, incluso aquellas comunidades eclesiales abiertas a la globalización desde abajo muestran a menudo una tendencia a descuidar algunos de los elementos más desafiantes de ese movimiento. Tratar de servir al pueblo que sufre y a la naturaleza dañada es una cosa, luchar junto al pueblo y la naturaleza para triunfar sobre las raíces del sufrimiento y el daño es otra. Muchas iglesias están felices de denunciar temas como la codicia y el consumismo. Ahora bien, es muy pequeño el número de iglesias que se atreven a señalar que el problema más profundo tiene que ver con la estructura del capitalismo de libre mercado, esa estructura que estimula la acumulación de riqueza en las manos de pocos y alienta el consumismo para que las líneas de producción se mantengan.

Existen elaboraciones en el campo de la teología que se corresponden con el espíritu de la globalización desde abajo. Y, en este contexto, el primer paso se da cuando la teología presta una atención constante a lo que está sucediendo en esos lugares del mundo que están en tensión. Sin lugar a dudas, este paso no se debe dar por sentado ni siquiera en aquellos enfoques teológicos considerados contextuales ya que a menudo tienden a pasar por alto los peligros del poder blando. Ni siquiera las herramientas de la teoría poscolonial y los estudios subalternos que se usan en las teologías contemporáneas pueden garantizar el éxito en ese sentido; éstas sólo resultan fructíferas si abordan las tensiones profundas de un mundo globalizado.

En un proyecto reciente, deudor al espíritu de la teología de la liberación y en busca de desarrollos más amplios, se discuten tres temas teológicos que merecen especial atención cuando se considera la tensión entre globalización desde arriba y desde abajo. Estos temas son: la democracia, la subjetividad y la trascendencia. Se observa que, incluso la historia de la democracia, remontándose hasta la antigua Grecia, se asemeja a la globalización desde arriba a través del poder blando. Quienes solían gobernar en muchas democracias eran ciudadanos pertenecientes a los grupos de élites (en griego, *demos*) Todos los demás no eran parte de ese sistema. Esta historia se refleja en la historia temprana de la democracia de Estados Unidos, donde solamente los varones blancos que eran propietarios tenían el derecho al voto. Una alternativa a tales democracias, inspirada en las tradiciones judeocristianas, sería abogar por una "laocracia"; en estas tradiciones es el pueblo común (en griego, *laos*) el que tiene con frecuencia un rol especial. Jesús mismo hacía foco en estas tradiciones cuando afirmaba: "muchos primeros serán los últimos, y los últimos, primeros" (Mc 10:31). En estas circunstancias, surge una nueva subjetividad que difiere de la subjetividad de arriba hacia abajo del capitalismo: los sujetos ya no son los hombres de negocio artífices de su propio destino, sino quienes participan en las luchas de Cristo, avanzando de abajo hacia arriba a través de cruz y resurrección. Y, en este contexto, la noción de trascendencia cobra un nuevo significado alentando a trascender una situación que se supone absoluta y cerrada. Las alternativas para la vida cotidiana que crecen de aquí dan un nuevo sentido a la trascendencia.[11]

Por alguna razón, los movimientos por una globalización alternativa han sido llamados por Kofi Annan, ex Secretario General de la ONU, "el otro súperpoder del mundo." Dado que son diversos, descentralizados y altamente creativos, estos movimientos no pueden ser fácilmente suprimidos. Y, dado que representan un poder

---

11 Ver Néstor Míguez, Joerg Rieger y Jung Mo Sung, *Beyond the Spirit of Empire: New Reflections in Politics and Theology*. Londres: SCM Press, 2009. [Versión en castellano: *Más allá del espíritu imperial*, trad. Néstor Míguez y Nicolás Panotto. Buenos Aires: Federación Argentina de Iglesias Evangélicas, 2016.]

verdaderamente alternativo, tampoco se dejan engañar fácilmente por el flujo de poder desde arriba: tienen la ventaja de poder "decirle la verdad al poder" porque tienen acceso a esa verdad que sólo puede ser identificada desde la perspectiva de quienes están abajo. Es algo así como la verdad de Cristo que es accesible a los niños (Mt 11:25), otro grupo marginado del mundo antiguo.[12]

---

[12] Sharon Delgado, *Shaking the Gates of Hell: Faith-Led Resistance to Corporate Globalization*. Minneapolis: Fortress Press, 2007, p. 226, describe el movimiento de justicia global como "descentralizado, diverso, creative y comprometido en distintas luchas alrededor del mundo"; Hawken, *Blessed Unrest*, p. 25, habla sobre un "infrapoder," un "revuelo desde abajo" que semeja el sistema inmunitario del ser humano, identificando lo que es nocivo para el florecimiento humano. Este poder es descentralizado; operando en diferentes modos y eliminando lo que no afirma y contribuye a la vida (aunque Hawken no dice mucho sobre la eliminación). Para una reflexión sobre la verdad que surge del lado de abajo, ver Joerg Rieger, *Remember the Poor: The Challenge to Theology in the Twenty-First Century*. Harrisburg, Pa.: Trinity Press International, 1998, p. 227-29.

Capítulo seis
Teología y poder en un mundo globalizante: Las lecciones de la globalización y el imperio

El problema clave con la globalización desde arriba en términos de la expansión de poder, de la borradura (o trivialización) de las diferencias locales y de la eliminación activa de alternativas, es que no conoce límites. No puede restringírsela al ámbito de la política o de la economía. Por lo contrario, este tipo de globalización busca extender su reinado por todos los medios, tanto culturales como religiosos, y no se detiene hasta haber alcanzado lo más íntimo de la personalidad de la gente y los recovecos más profundos del mundo natural. Por lo tanto, la teología es parte fundamental de la globalización, se reconozca esto o no. Incluso los esfuerzos más académicos de la teología se encuadran dentro del contexto de la expansión global del poder.

Como hemos observado, a través de sus dos mil años de historia, la teología nunca ha existido de manera aislada. La historia de la teología cristiana comienza con los esfuerzos globalizadores del Imperio romano y, haciendo uso tanto del poder duro como del blando, ha estado ligada a los esfuerzos globalizadores de los imperios de allí en más. La globalización como expansión del poder de arriba abajo, borradura de diferencias y eliminación de alternativas refiere fundamentalmente al imperio; es decir, al siempre creciente control del mundo y de nuestras vidas. Por tal razón, ya no podemos darnos el lujo de limitar el estudio de la teología a los estudios de "teología y cultura" o "Cristo y cultura," como hiciera H. Richard Niebuhr en su libro que lleva ese título y que aún se usa ampliamente. Hoy necesitamos hablar de "teología más cultura más poder" o "Cristo más cultura más poder."[1] La teología nunca se da en un vacío de poder. No tratar la cuestión del poder –como no tratar la cuestión de la política– implica respaldar por defecto a los poderes constituidos. De resultas, el lenguaje sobre globalización o imperio debe convertirse en parte del vocabulario estándar de toda teología.

---

1 Tal es el desafío que planteo a H. Richard Niebuhr, *Christ and Culture*. Nueva York: Harper & Brothers, 1956, [Versión en castellano: H. Richard Niebuhr, *Cristo y la cultura*, trad. José Luis Lana. Barcelona: Península, 1968.] ver Rieger, *Christ and Empire*, p. vii. Falta una preocupación más profunda por el estudio del poder en la mayor parte de la teología. El interés estándar por la cultura deja afuera el análisis del poder. Acerca de este enfoque estándar ver: Peter L. Berger y Samuel P. Huntington, eds., *Many Globalizations: Cultural Diversity in the Contemporary World*. Nueva York: Oxford University Press, 2001, p. 2, allí se entiende cultura como: "las creencias, valores y estilos de vida de la gente común en su existencia cotidiana."

Teología y poder en un mundo globalizante: Las lecciones de la globalización y el imperio

Abordar la cuestión del poder no significa, sin embargo, considerarlo bajo una luz negativa. Vérselas con el tema del poder implica tratar de desarrollar la capacidad de concebir alternativas. Si en un mundo globalizante, la teología no quiere ser simplemente un apéndice del poderoso proceso de globalización desde arriba, necesitamos usar de nuestros recursos tanto como podamos. En este sentido, un nuevo nivel de compromiso con las fuentes bíblicas y con los recursos de la tradición cristiana podría tener el potencial de ponernos en la dirección correcta. Más allá de que los estudios histórico-críticos de la Biblia nos hayan provisto de percepciones útiles, la pregunta ahora sería qué significa estudiar la Biblia con lo que en otro sitio he llamado el modo "histórico *auto*crítico."[2]

Lo mismo se aplica a la manera en que estudiamos la abundancia de recursos de la tradición cristiana. Ya no se puede encarar la tarea interpretativa y hermenéutica desde el aislamiento ilusorio de las torres de marfil académicas. Interpretar elementos antiguos y contemporáneos de la tradición cristiana a la luz de las presiones de la globalización operativa en cada época pone al descubierto muchos paralelos. No se puede comprender ni a Jesús, ni a Pablo, ni a Bartolomé de las Casas, si se pasa por alto que estaban luchando con los poderes desde arriba de la globalización de su propio tiempo y que así lograron discernir y proponer

---

[2] Ver Rieger, *Christ and Empire*, pp. 8–9, 315.

formas alternativas concretas de globalización y de poder. Sin conciencia de esto, no seremos capaces de identificar esas contribuciones en medio de las luchas contemporáneas en un mundo globalizante.

¿Cómo podrían desafiarse las prácticas presentes de globalización desde un enfoque histórico autocrítico con una nueva percepción sobre Jesús? El asunto no es meramente qué haría Jesús, sino más bien, que *no haría*. ¿Qué tipo de cosas Jesús rechazaría? Se trata, entonces, de la forma que las bienaventuranzas toman en el Evangelio de Lucas: "Bienaventurados los que ... Más ¡ay de vosotros...!" (Lc 6:20-26). También es la forma usada en la Declaración de Barmen de 1934 por la Iglesia Confesante alemana, resistiendo a Hitler y a los líderes religiosos de la Alemania nazi. Cuando los cristianos, como los de Barmen, confiesan a Jesús como "la única Palabra de Dios," ¿qué es lo que confiesan? El rechazo de Barmen estaba dirigido a quienes se atribuían la representación de la Palabra de Dios en ese momento y era una clara crítica a Hitler y al respaldo que le entregaban los llamados "cristianos alemanes."

Esta fórmula de afirmación y rechazo puede encontrarse también en las antiguas confesiones cristianas, aunque se ignore con frecuencia en los movimientos confesionales actuales. Hoy, el asunto no pasa simplemente por confesar la Trinidad o la divinidad de Cristo, la cuestión es qué representan esas confesiones en sus respectivos contextos de globalización en términos del poder desde arriba. Por ejemplo, como propone una de las implicancias de la doctrina trinitaria formulada en el credo niceno, ¿qué significaría rechazar la idea de que exista una jerarquía en la relación entre las tres personas? ¿No implicaría esto un rechazo a los modelos jerárquicos de globalización, por medio de poder duro o blando, así como se encarnan en las comunidades religiosas en todo el mundo?

Este tipo de reflexión teológica autocrítica tiene el potencial de dar vuelta los procesos de arriba hacia abajo. Un ejemplo se da en el problema teológico de la relación entre distintas religiones, un desafío que no puede evitarse en un mundo globalizante. En nuestro tiempo, el enfoque de rechazo o sometimiento de otras religiones desde el poder duro tiene cada vez menos sentido dado que personas de distintas creencias viven cada vez en mayor proximidad. Sin embargo, tampoco tiene sentido un tipo de diálogo interreligioso en el cual creyentes y teólogos se sientan alrededor de la mesa y discuten ideas teológicas sin considerar los diferenciales de poder que continúan moldeando las relaciones de las religiones en un mundo globalizante. Hay que tener en mente que, si las religiones emergieron en los campos de fuerza de globalización e imperio, también así lo hicieron los encuentros interreligiosos. La historia está llena de ejemplos, ya se trate de las relaciones cristiano-musulmanas durante las cruzadas en la Edad Media y al comienzo de la modernidad en España o los muchos siglos de relaciones cristiano-judías en Europa o las construcciones sobre el hinduismo desarrolladas por académicos europeos del siglo diecinueve.

En este contexto, los enfoques bienintencionados sobre el diálogo interreligioso que buscan identificar los valores subyacentes comunes a todas las religiones, deben ser considerados parte del problema; estos también funcionan en términos de la globalización desde arriba a través del poder blando y la borradura de diferencias locales asociadas. El diálogo interreligioso dentro de los campos de fuerza de la globalización será más fructífero para todos cuando comencemos a considerarlo a la luz de las tensiones de la vida real que introducen las formas dominantes de globalización desde arriba. Los intercambios interreligiosos genuinos requieren un entendimiento autocrítico de la propia herencia y de las formas en que ésta se vincula a las dinámicas de poder de la globalización. Sin lugar a dudas, el objetivo de todo esto no es negativo, sino positivo. Esta aproximación nos ayudará a identificar formas alternativas de globalización desde abajo que ya existen bajo la superficie de muchas tradiciones religiosas y a establecer, en este sentido, nuevas relaciones interreligiosas.

La teología no carece de apoyo en este tipo de tarea autocrítica. El nuevo campo de los estudios culturales es importante dado que nos permite examinar no solo la cultura en toda su complejidad, sino también de qué manera fluye el poder y se perpetúa a través de la cultura. Más aún, el campo emergente de los estudios subalternos –un acercamiento desarrollado inicialmente en India y América Latina– ha desplegado nuevos modos de estudiar lo que sucede en las vidas de las personas empujadas a la parte de debajo de la sociedad. Lo "subalterno" es el lugar de las diferencias locales peligrosas que enfrentan la borradura procedente de la globalización desde arriba. La cuestión importante en este escenario no es simplemente cómo se pueden preservar estas diferencias locales, sino de qué manera pueden convertirse en fuentes de alternativas concretas desde las que se inicien diferentes procesos de globalización desde abajo. Los estudios subalternos están ligados a las teologías de la liberación que han estado llamando nuestra atención hacia estos asuntos por décadas.[3]

La buena noticia es que estos abordajes no son solo sueños para el futuro: están encarnados en movimientos concretos, sobre el terreno, desde donde obtienen su energía y apoyo epistemológico. Nuevas formas de diálogos interreligiosos manifiestan nuevas dinámicas en las comunidades religiosas. Los diálogos interreligiosos más apasionantes tienen hoy lugar allí donde las comunidades religiosas trabajan juntas sobre proyectos específicos que resisten a la globalización desde arriba y promueven alternativas concretas. Ejemplos de esto son *Interfaith Worker Justice* [Justicia Laboral Interreligiosa], en Chicago, y los

---

[3] Ver, por ejemplo, John Beverley, *Subalternity and Representation: Arguments in Cultural Theory*. Durham, N.C.: Duke University Press, 1999. [Versión en castellano: John Beverley, *Subalternidad y representación. Debates en teoría cultural*, trad. Marlene Beiza y Sergio Villalobos-Ruminott. Madrid/Frankfurt a.M.: Iberoamericana/Vervuert, 2004].

grupos de religión y trabajadores que operan bajo el paraguas de *Jobs with Justice* [Empleos con Justicia]. Aquí, las diferencias locales no se disuelven, sino se utilizan, a la vez que diferentes recursos se aúnan, para una lucha común que involucra a lo divino en nuestro tiempo. En estos escenarios, los temas teológicos no son puestos entre paréntesis, sino discutidos con una nueva energía, en un nuevo contexto donde las comunidades religiosas contribuyen a una forma diferente de globalización desde abajo.

En un mundo globalizante, la teología es confrontada con una elección. ¿Continúa con sus asuntos como de costumbre, siguiendo el modo por defecto de globalización desde arriba? o ¿persigue una nueva dinámica, esa que en las tradiciones cristianas es moldeada por el nacimiento, vida, ministerio, muerte y resurrección de Jesús? Desafortunadamente, muchos cristianos asumen que la vida y ministerio de Jesús fueron sólo un arreglo temporal y que el Cristo resucitado que "se sienta a la diestra de Dios" ha unido fuerzas con un tipo de poder diferente de aquel que se manifestó durante su vida. De este modo, las partes subversivas de las tradiciones judeocristianas son domesticadas, inclusive las tradiciones sobre Jesús. Este enfoque traiciona también la noción del escándalo de la cruz y del poder paradójico que se perfecciona en la debilidad sobre los que Pablo dio testimonio (1 Co 1:23-25; 2 Co 12:8-9). También traiciona uno de los temas fundamentales de las tradiciones judeocristianas, concretamente, que Dios toma partido contra los poderosos y a favor de los simples y los humildes; posición bien resumida por Ana y María (1 S 2:1-10; Lc 1:46-56).

En los círculos teológicos, el espíritu de la globalización desde arriba se justifica a veces corrigiendo el relativismo, una situación en la que "todo vale" y la verdad ya no existe. Si una élite ubicada arriba es la que determina qué es la verdad para todo el mundo, entonces el peligro del relativismo parece ser mantenido a raya. Lo que se pasa por alto aquí, sin embargo, es que tales disposiciones nunca son capaces de alcanzar la universalidad. Lo único que se alcanza es la universalidad de una relatividad particular, específicamente, la relatividad de la élite. El relativismo no puede –ahora ni nunca– ser superado de arriba hacia abajo. Éste es uno de los problemas teológicos fundamentales con el cual el cristianismo tiene que lidiar en un mundo sometido a las presiones de la globalización desde arriba.

Se puede desarrollar una mejor respuesta al relativismo si se comienza completamente por el otro lado. Cuando la globalización se persigue desde abajo, es posible reconocer las propias relatividades sin tener que quedarse atrapados allí. Dado que las diferencias se negocian abiertamente con otros, en situaciones donde ninguno está en una posición de poder dominante, emerge una nueva forma de comunidad; algo así como una unidad en la diferencia que nos lleva más allá de las trampas del relativismo. Éste es el modo en el que muchos de los textos bíblicos y tradicionales del cristianismo tienden a lidiar con el relativismo. La pluralidad de voces en la Biblia y las tradiciones cristianas nos recuerdan que una verdadera visión global no significa el tipo de unidad en la que todo el mundo dice exactamente la misma cosa. Sin embargo, esta pluralidad no quiere decir que todas las cosas sean relativas y que todo dé igual. Las perspectivas más amplias y las visiones verdaderamente globales emergen cuando todas las voces diferentes se unen y se comunican a la luz de los sufrimientos y luchas comunes de la vida. Allí están los distintos libros de la Biblia escritos por diferentes comunidades y autores, en largos períodos de tiempo, y las muchas voces de la tradición cristiana, especialmente las que son fácilmente olvidadas hoy. En este sentido, la cruz de Jesucristo –puesta sobre sus hombros por los globalizadores desde arriba de su propio tiempo– y las muchas cruces que los seres humanos han sido forzados a llevar desde entonces, apuntan a una nueva realidad y a una nueva comunidad que emerge de abajo hacia arriba. En palabras del apóstol Pablo: "si un miembro padece, todos los miembros se duelen con él" (1 Co 12:26).

Conclusión
En un mundo globalizante la vía media conduce a la muerte

Ulrich Beck tiene razón cuando afirma que "globalidad significa que, de ahora en más, nada de lo que suceda en nuestro planeta es sólo un evento local limitado"[1] Esto puede significar buenas o malas noticias dependiendo de qué es lo que se esté por globalizar y de qué manera. Para poder entender las buenas noticias de la globalización necesitamos confrontar las malas. Necesitamos enfrentar la oscuridad presente para poder entender dónde brilla la luz. La buena nueva es que existen modelos alternativos a la globalización desde arriba, que tales modelos no pueden ser suprimidos fácilmente y que están profundamente ligados a nuestras tradiciones religiosas pasadas y presentes.

Ahora bien, ¿se trata esto de una cuestión de lo uno

---

[1] Ulrich Beck, "What is Globalization?" en *The Global Transformations Reader: An Introduction to the Globalization Debate*, ed. David Held y Anthony McGrew. Cambridge: Polity Press, 2000, p. 102. Beck argumenta que esto es irreversible.

o lo otro? ¿No existe una vía media entre los extremos de una globalización dominante desde arriba y las alternativas desde abajo? Y, ¿qué si la teología tuviese el rol de encontrar un terreno medio neutral en vez de tener que tomar partido comprometiéndose? Después de todo, ¿no está el cristianismo llamado a estar "en el mundo," pero a "no a ser del mundo" (ver Jn 17: 6-19)? Un viejo proverbio alemán afirma que en situaciones de peligro y gran necesidad, la vía media lleva a la muerte (*in Gefahr und grosser Not bringt der Mittelweg den Tod* [Friedrich von Logau]). El problema es que, en situaciones de graves diferenciales de poder, así como el presente, no hay lugar para la neutralidad ni una *vía media*. *El reformador alemán Martín Lutero sabía, a su manera, que no* hay vía media cuando describía la voluntad humana como un caballo o un asno (*Reittier*) que es montado ya sea por el diablo, ya sea por Dios.

Ningún lugar está a salvo de la globalización como expansión progresiva de poder y borradura de diferencias y alternativas; ningún lugar está a salvo, tampoco, del crecimiento conexo de las brechas entre riqueza y poder. Se torna evidente que la forma dominante de globalización de nuestro tiempo no promueve un proceso de nivelación, así como es más claro cada día que la marea en alza no levanta todos los botes. Esta forma de globalización dominante afecta todos los aspectos de la vida; no existe lugar seguro ni en nuestras comunidades, ni en nuestras mentes

En un mundo globalizante la vía media conduce a la muerte

y almas. En consecuencia, no existe un lugar neutral en el medio; quienes intentan pararse allí, son rápidamente atraídos –generalmente sin darse cuenta– en dirección de la fuerza mayor que no admite alternativas. Recordemos que, en pasadas manifestaciones de la globalización, quienes buscaron seguir la vía media descubrieron, con frecuencia muy tarde, que estaban siendo absorbidos por la vorágine del *statu quo* dominante. Las iglesias de la Alemania nazi, que intentaron quedarse afuera de la política retirándose a sus propias esferas privadas, están entre estos tristes ejemplos.

Cómo se visualiza a Dios, es lo que definitivamente está en juego para la teología. Las tradiciones centrales del judaísmo, el cristianismo y otras religiones nos señalan hacia los márgenes y los lugares inferiores. En las tradiciones cristianas, es allí donde Dios se vuelve humano –obrando en Cristo que vive como obrero de la construcción y organizador– y también allí donde las buenas nuevas del evangelio se propagan al mundo, alrededor del globo hasta los confines de la tierra. Se da así un verdadero proceso de globalización desde abajo alcanzando y transformando las cosas arriba. En este proceso, las diferencias locales no se borran, sino hacen contribuciones muy necesarias para el todo conformando nuevas formas de poder desde abajo. De igual manera, quienes son empujados a los márgenes por las dinámicas de la presente globalización desde arriba –la mayoría de la humanidad– ya no son receptores pasivos de los esquemas globalizadores. En realidad, son quienes arman el escenario para un nuevo tipo de comunidad y un nuevo proceso de globalización, ya que comprenden el significado profundo de la percepción del apóstol Pablo de que, si un miembro de la comunidad sufre, todos sufren juntos con él.

Por lo tanto, el problema de "teología y globalización" no es ni la teología ni la globalización como tales. Todo depende de qué clase de teología y de globalización se promuevan, cómo una alimenta a la otra y qué modelo se corresponde mejor con la realidad de lo divino. Es preciso elegir y tomar una posición.

JUANUNO1
EDICIONES

JU1 JUANUNO1
PUBLISHING
HOUSE LLC.

www.ingramcontent.com/pod-product-compliance
Lightning Source LLC
Chambersburg PA
CBHW031157020426
42333CB00013B/714